QUE FAIRE?
AIMER!

MANUEL DE LA CHARITÉ PRATIQUE

DESTINÉ

AUX FEMMES

AVEC UNE PRÉFACE

DE

M. EUGÈNE BERSIER

PASTEUR DE L'ÉGLISE RÉFORMÉE DE PARIS

PARIS

LIBRAIRIE FISCHBACHER

SOCIÉTÉ ANONYME

33, RUE DE SEINE, 33

1890

Tous droits réservés.

QUE FAIRE?

AIMER!

QUE FAIRE?
AIMER!

MANUEL DE LA CHARITÉ PRATIQUE

DESTINÉ

AUX FEMMES

AVEC UNE PRÉFACE

DE

M. EUGÈNE BERSIER

PASTEUR DE L'ÉGLISE RÉFORMÉE DE PARIS

PARIS

LIBRAIRIE FISCHBACHER

SOCIÉTÉ ANONYME

33, RUE DE SEINE, 33

1890

PRÉFACE

Ne connaissant pas l'auteur de l'ouvrage auquel ces lignes serviront de préface, nous nous sentons d'autant plus libre de dire de son livre tout le bien que nous en pensons. C'est, dans l'ordre pratique, une des publications les plus utiles que nous ayons depuis longtemps rencontrée.

« Que faire en face de l'abîme de misères physiques et de souffrances morales où semble parfois devoir s'engloutir la pauvre humanité? » Telle est la question que l'auteur se pose ou plutôt qu'elle pose aux femmes en vue desquelles elle écrit. A cette question elle répond par la parole qui est l'Évangile même « Aimer ». C'est le secret de tous les dévouements et de toutes les victoires.

*En principe sur ce point tous les cœurs chré-
tiens sont d'accord. Mais il s'agit de descendre
sur le terrain des faits. Comment enrôler pour
la sainte guerre de la charité tant de femmes qui
en comprennent la grandeur et la beauté? Les
bonnes volontés ne sont pas aussi rares qu'on le
pense. Beaucoup d'âmes souffrent d'une vie
inutile. Les servitudes du monde, ses obligations
oiseuses leur pèsent. Ses prétendus plaisirs ont
leurs très lourds ennuis. Ces âmes voudraient
bien agir, mais comment? C'est le problème
auquel répond ce livre. L'auteur le résout avec
autant d'élévation que de bon sens. Il étudie la
jeune fille, la femme dans son milieu vrai et
montre quelles occasions s'offrent à elle d'accomplir sa mission. Les vocations ne sont pas
identiques. L'uniformité ici n'est point de rigueur.
Il faut que chaque caractère s'examine et se
demande où il peut le mieux trouver son emploi.*

*Dans une série de chapitres on passe ainsi en
revue les différentes sphères où peut s'exercer
de nos jours l'activité chrétienne de la femme.
Rien de moins monotone que cette nomenclature.
On est frappé au contraire de l'intérêt qu'elle
présente. Décidément il ne faut plus laisser dire*

que le bien est ennuyeux, quand on voit sous quelles variétés infinies il sait parler à l'âme et quelles aptitudes diverses il peut mettre en éveil.

Notez que l'auteur s'est volontairement enfermée dans l'étude des œuvres protestantes. Non qu'on puisse la taxer d'étroitesse. Rien de plus large que ses sympathies, rien qui sente moins l'esprit de secte ou d'étroitesse dogmatique. Mais elle ne pouvait pas tout dire, et, parlant à un public particulier, elle a dit ce qu'elle a vu et ce qu'elle peut offrir en exemple.

Après avoir parcouru cet ouvrage, il faudrait plaindre les personnes qui prétendraient ignorer la manière d'utiliser leur vie, et celles qui demandent au monde le secret de tuer le temps.

Ajoutons que ce livre est suivi de renseignements fort utiles sur deux ordres de sujets toujours actuels. D'une part on y trouve des détails sur les établissements destinés au relèvement physique et moral des jeunes filles et des femmes; la liste en est longue, et cependant elle est encore incomplète, et nous espérons qu'elle ira s'élargissant avec des éditions nouvelles. D'autre part, l'auteur a eu l'heureuse idée

d'énumérer les différentes carrières où la femme·
peut gagner sa vie en France, à notre époque, et
les salaires que son travail lui procure. Ces indications suffisent à montrer quel profit sérieux
se dégage de la lecture de cet ouvrage; on
y trouvera partout, à côté d'une vaillante initiative, les conseils d'une riche expérience que
peut seule donner la longue pratique de la
charité.

Paris, novembre 1889.

Eug. BERSIER

————

PRÉFACE

Que faire?-Cette question n'est-elle pas celle que notre esprit inquiet, notre âme angoissée se pose en face de l'abîme de misères physiques et de souffrances morales où semble parfois devoir s'engloutir la pauvre humanité?

N'est-ce pas celle encore qui nous agite, quand, pleines de reconnaissance et d'amour envers notre Dieu-Sauveur, nous sentons le besoin de faire rayonner autour de nous sa miséricordieuse charité, d'en devenir les divines messagères?

Nous avons cherché, dans les courtes pages de ce petit manuel à répondre à cette importante question, à la faire naître, peut-être, dans l'esprit qui ne se la serait pas posée encore.

Après quelques conseils pratiques sur l'exercice journalier de la charité dans notre entourage immédiat, nous avons passé la revue des différentes associations charitables de femmes protestantes, et enfin exposé, à titre de type et d'exemple quelques-unes de ces œuvres de la

1

propagande du bien qu'il est indispensable de faire en grand si elles doivent, avec quelque efficace, lutter contre la propagande du mal.

Puisse notre faible appel être entendu, trouver de l'écho dans tout cœur de femme, les persuader toutes: « qu'aimer Dieu par dessus toute chose, aimer tous les hommes comme soi-même, donner son cœur, son âme, son esprit et ses forces pour rendre les hommes meilleurs et plus heureux, c'est la vie, c'est la loi, c'est le bonheur, la justice et la vérité! »

AVANT-PROPOS

Vous toutes qui entendez au fond de votre cœur un appel, une voix, faible encore peut-être, vous dire : « Travaille pour le Seigneur ! » ne tardez pas à vous mettre à l'œuvre.

N'attendez pas une occasion spéciale, marquante.

Commencez modestement par les petites choses. Appliquez-vous à rechercher l'utilité avant tout, sans vous laisser entraîner à faire de grands plans, à projeter d'extraordinaires dévouements.

Il faut du courage, pour se mettre à l'œuvre tracée par le Seigneur, car il est plus facile de glorifier Dieu en paroles, que de le faire par ses actes.

Surmonter une timidité naturelle, s'affranchir des préjugés mondains, combattre parfois l'opposition des parents et des amis, ce sont autant d'obstacles à franchir.

Avant tout, remettez-vous-en à la volonté de Dieu.

Confiez-vous à sa direction toute-puissante et laissez-vous docilement employer par Lui, où et comment il le jugera nécessaire.

Ne vous arrêtez pas à considérer votre faiblesse, votre incapacité, votre impuissance. Qu'importe à Celui qui veut toutes nous enrôler à son service, et dont la force se manifeste dans notre faiblesse?

Mettez-vous donc joyeusement à l'œuvre, ne laissant pas perdre un temps précieux. Comme l'a dit un de nos contemporains : « On ne fait jamais le bien assez vite. Est-ce qu'il a le temps d'attendre? »

L'action directe et personnelle doit être premièrement recherchée. Quelque maladroits que soient des débuts, la prière et la charité les sanctifieront, pour peu qu'on travaille pour Dieu seul, en dehors de tout esprit d'orgueil ou de vanité.

De même que cette action doit s'exercer tout d'abord dans votre entourage immédiat, employez aussi l'argent que vous pouvez consacrer à la bienfaisance en premier lieu pour les œuvres et les besoins de votre village, de votre ville, de votre département, de votre pays.

Ne soutenez pas d'œuvres fondées au loin, tandis que celles qui sont à votre porte périclitent faute de secours. Je ne sais quel mirage rend souvent les misères lointaines beaucoup plus intéressantes, et les appels lointains mille fois plus éloquents que les cris de détresse entendus journellement. De plus, dans ces cas-là, on ne met que sa bourse à contribution, sa personne jamais.

Toutefois, si votre fortune le permet, et que vous ne négligiez pas d'œuvre locale en souffrance, donnez au loin, élargissez le cercle de vos dons et de votre charité.

N'estimez trop petite ou trop insignifiante aucune œuvre entreprise avec foi et prière. Que de grands effets sont dûs à de petites causes! Le tout est de persévérer avec fermeté et fidélité en sachant renoncer à certains préjugés, et les combattre chez autrui.

Le calme, le silence favoriseront votre travail, en vous permettant de mieux distinguer les indications du Maître qui récompensera vos efforts et les soutiendra par une pure joie intérieure.

La prière sera votre auxiliaire le plus efficace. Elle seule, par un sérieux examen de conscience, vous donnera une réelle modestie, une humilité véritable, grâce à laquelle aucune tâche ne vous paraîtra indigne de vous.

La charité accomplie dans la recherche de soi-même, avec grand bruit et en briguant des honneurs, n'est point la vraie et ne peut faire un bien réel à soi ni aux autres.

Le domaine de la charité est vaste, et peut se développer à l'infini. L'encombrement n'est point à y redouter et la concurrence y devient un bienfait. Le travail n'y fait jamais défaut, et toute ouvrière de bonne volonté, en trouvera immédiatement d'approprié à ses forces et à ses capacités.

Quel bonheur ne sera pas le sien bientôt, en se sentant enrôlée dans la grande armée du bien, d'être du nombre de ces ouvriers et de ces ouvrières, qui, poursuivant un but sacré, travaillent pour le grand Consolateur des faibles et des deshérités, et accomplissent avec Lui et par Lui, son œuvre d'amour!

QUE FAIRE? — AIMER!

CONSIDÉRATIONS GÉNÉRALES

L'INFLUENCE INCONSCIENTE

Notre plus grande force réside dans notre influence; non pas celle que nous cherchons à exercer par la persuasion de nos paroles, de nos conseils, de notre expérience, mais cette influence secrète qui procède de la puissance de l'exemple. Souvent les paroles et les actes ne correspondent nullement et, dans ce cas, l'influence inconsciente de la vie journalière détruit le bien qu'auraient pu faire les meilleurs avis, les théories les plus parfaites.

Appelées à la perfection, notre œuvre première doit être de travailler sur nous-mêmes, en ne perdant jamais de vue Jésus-Christ, le modèle que nous devons imiter.

Cherchons-Le, jour après jour, et auprès de

Lui nous acquerrons une force bienfaisante,
renouvelée journellement et dont ceux qui nous
entourent ou ceux auxquels nous nous consa-
crons ressentiront bientôt les heureux effets.

Oui, Dieu nous appelle à être *ses témoins*,
non seulement par nos paroles et nos gestes,
mais par toute notre manière d'être, par toute
notre vie.

Les chrétiens sont pour le monde la pierre
de touche du christianisme. Combien n'en est-il
pas, hélas! dont la soi-disante piété fait un mal
plus grand que la superstition ou l'incrédulité.

Une chrétienne rigide, autoritaire, difficile à
vivre, d'une humeur fantasque ou sombre,
sévère dans ses jugements, d'un abord peu
bienveillant, ne fera pas œuvre qui vaille, lors
même qu'elle déploierait un zèle, une activité
infatigables au nom du Seigneur.

Elle cherchera à exercer une certaine influence,
à gagner des âmes au bien, sans se douter que
son influence inconsciente agit en sens inverse
du résultat souhaité.

Le ressort caché de l'influence inconsciente,
c'est le renoncement à soi-même. Tant que nous
ne vivrons pas pour les autres au point de nous
oublier nous-mêmes, mais que nous reviendrons
sans cesse à *nos* vues, à *nos* plans, à *notre* but exclu-

sif, les imposant à notre prochain, nous ne pourrons conquérir les âmes et nous agirons en vain.

Mais, dès que la charité nous entraînera dans
la voie tracée par Dieu, nous apprendrons l'art
si délicat de *comprendre*, de *sympathiser*, de
consoler. Par notre indulgence, notre bienveil-
lance, notre désir d'excuser, de pardonner les
fautes des autres, tout en devenant implacables
pour les nôtres, nous acquerrons une grande
puissance, celle dont Carlyle dit : « Elle est si
grande, qu'il n'y a plus de grandeurs à côté
d'elle. Labourer, bonifier un petit coin de ce
monde, le rendre plus fertile ; contribuer à ce
que quelques créatures humaines deviennent
plus clairvoyantes, plus entreprenantes, plus
heureuses, est une œuvre digne d'un Dieu ! »

Jamais on ne devrait dire : « Je n'ai ni
influence, ni argent à dépenser, donc je ne
puis rien entreprendre pour le Seigneur. »

Si vraiment Christ agit en nous et se manifeste dans nos actions, nous sommes une puissance agissante, faisant œuvre divine sans nous
en douter, et avant d'avoir rien entrepris de
spécial. Car un cœur qui sait aimer est comme
un rayon de soleil : il éclaire, ranime et vivifie
tout autour de lui.

Une simple preuve d'intérêt et d'affection,

bénie par Dieu, fructifie au centuple et procure plus de bonheur que toute une vie vouée à l'égoïsme.

L'égoïsme, voilà le grand ennemi ! Ce n'est pas trop de toute notre vie pour le combattre au profit de l'amour, de la charité. Tout se résume dans cette tâche, la première et la plus difficile de toutes. Elle exige une persévérance constante et journellement renouvelée.

En travaillant à notre propre sanctification, nous contribuerons au bien réel de notre prochain, à notre bonheur comme au sien.

Avant tout, commençons donc à nous examiner nous-mêmes, à sonder les replis de notre propre cœur.

Certains chrétiens se font un devoir de représenter la vie chrétienne comme extrêmement difficile, effrayante même. Ils barricadent et verrouillent leur cœur, et n'ont au service des autres que des sentences de condamnation, entremêlées de quelques versets sévères.

D'autres s'enveloppent d'une réserve froide et orgueilleuse, comme si nous avions le droit de nous croire supérieurs à notre prochain et de ne rien tenter pour obtenir son affection et ses sympathies, alors que Dieu Lui-même recherche notre amour.

D'autres encore sont peut-être convaincus et
affligés de leurs imperfections, mais s'aban-
donnent tellement à la force de l'habitude
qu'elle devient toute-puissante.

L'impression que laissent de pareils chrétiens
n'est certainement pas heureuse, et quant à
leur influence secrète, elle éloigne plus
d'hommes du christianisme, que leurs aumônes
et leur pseudo-piété n'en peuvent attirer.

Prouvons donc notre christianisme par un
esprit d'amour qui, transformant toute notre
manière d'être vis-à-vis de notre prochain, nous
pénétrera de bonté, de patience, de condescen-
dance, de tolérance. Respectant sa liberté,
comme nous voulons qu'on respecte la nôtre,
nous renoncerons à trancher, à dominer, à
juger. Ce sera le plus sûr moyen de nous attirer sa confiance.

Cherchons en même temps à réjouir journellement notre entourage par ces petits égards, ces
petites attentions, ces petites prévenances qui
permettent de faire plaisir à toute heure et qui
jouent le rôle de ces duvets qu'on introduit dans
les caisses de porcelaine : on ne les compte
pour rien, mais tout se briserait sans eux.

Plus nous en prendrons l'habitude, plus nous
acquerrons la grâce et l'à-propos qui donnent

toute leur valeur à cette menue monnaie de la charité. La gaieté, l'entrain que nous y mettrons, en empêchant de jamais laisser entrevoir le sacrifice que nous avons dû faire de nos goûts ou de nos opinions, changeront le devoir en jouissance et nous le rendront aisé.

La charité chrétienne s'applique tout particulièrement à découvrir les *oubliés*, les *deshérités*, les *abandonnés*, les entourant de soins et de prévenances, et cherchant à éclairer leur vie décolorée. Ils ne manquent pas, hélas! les vieux, les pauvres honteux, les infirmes dont nous pourrons alléger le fardeau, soulager les misères en accomplissant le précepte divin : « Aimez votre prochain comme vous-même. »

Que ce soit là notre invariable règle de conduite. Grâce à elle nous arriverons à réaliser tout ce qui précède, et toute notre personne deviendra un *bienfait ambulant*, si l'on peut s'exprimer ainsi; notre influence inconsciente sera en bénédiction autour de nous; comparable à ce son doux et subtil qui, mieux que l'orage, le tourbillon et le bruit des eaux, révéla un jour la présence divine.

SAVOIR DONNER

Il y a plus de bonheur à donner qu'à recevoir. C'est une incontestable vérité, et pourtant, en y regardant de près, n'est-il pas affli-
geant de constater combien peu nous savons
donner? Nous sommes insatiables quand il
s'agit de recevoir, et notre égoïsme se constitue
le gardien trop zélé de notre intérêt.

Sous ce rapport, le pauvre fait honte au
riche; mieux que lui il sait faire la part du
prochain et n'hésite pas à se priver du nécessaire, tandis que donner de son superflu, n'est
qu'un mince mérite.

Nous avons, en général, une mémoire éton-
nante pour nous souvenir de nos aumônes, mais
nous oublions facilement les sommes gaspillées
pour notre jouissance propre. Nous ne reculons
devant aucune dépense quand il s'agit de satisfaire un goût, un caprice, une fantaisie. Sur-
vient-il un collecteur ou quelque autre appel en
faveur d'une bonne œuvre, le prudent égoïsme
serre bien vite les cordons de la bourse, et nous
empêche souvent de nous abandonner à la
générosité d'un premier mouvement.

Considérons notre fortune comme un prêt ;
vivons avec simplicité et gérons en bons économes ce que Dieu nous a confié pour servir à la
charité et non à l'égoïsme. Cela nous permettra de
donner largement, joyeusement, en cherchant
par tous les moyens possibles à combattre le
paupérisme, à combler par une charité bien
entendue, l'abîme de haine et de jalousie qui
s'est creusé entre riches et pauvres. Peut-être
réussirons-nous ainsi à apaiser quelque peu les
menaçantes revendications du socialisme.

S'il est difficile de donner, il l'est encore
plus de *bien* donner. « Savoir donner, nous dit
Maxime Du Camp, est une science qu'il faut
se résigner à acquérir, par respect pour soi-
même et pour remplir avec probité le devoir
des âmes élevées. » Que de dons distribués
sans discernement, paresseusement, par acquit
de conscience et faisant plus de mal que de
bien ! Il ne suffit pas de donner vite, en cédant
à un mouvement de compassion ou par noncha-
lance ; encore faut-il s'assurer si le plaignant
est digne de notre intérêt, et constater la réalité
et l'étendue de ses besoins. On risque bien,
autrement, de n'encourager que la mendicité et
le vice.

C'est ainsi que s'entretient cette armée de

mendiants des rues, qui exploite la mendicité
commercialement en en faisant un vrai métier,
en faveur de laquelle on gaspille, en pure perte,
des sommes immenses.

La bienfaisance exercée de la sorte, si elle
peut tranquilliser une conscience peu scrupu-
leuse, ne couvre certainement pas notre responsabilité chrétienne.

Ce n'est rien de payer de notre bourse, si
nous ne payons encore de notre personne, de
notre temps, et surtout de notre cœur. L'intérêt
que nous témoignerons au pauvre, une visite
chez lui nous permettent de bien juger de ses
besoins, une parole affectueuse et sympathique
feront plus de bien que notre argent.

Soulageons le pauvre discrètement, en évitant
de l'humilier, de lui faire sentir sa dépendance,
et partout où c'est possible, aidons-lui surtout
par le travail. L'assistance par le travail est la
plus saine et la meilleure des charités : elle
relève, elle moralise, au lieu d'abaisser et de
démoraliser, comme celle qui habitue à tendre
la main.

Acquittons-nous donc avec conscience et fidélité du devoir de donner, que nous l'accom-
plissions directement ou par l'entremise d'une
société de bienfaisance, nous rappelant cette

pensée de Benjamin Delessert : «L'homme
bienfaisant n'est pas celui qui donne le plus,
mais celui qui donne le mieux.» Surtout mettons en pratique l'humilité et la modestie exigées par le Maître qui désire : «Que votre
main droite ne sache pas ce que fait la
gauche.»

SAVOIR DEMANDER

La charité est exigeante; une fois entrées à
son école, il faut savoir nous soumettre à un
apprentissage pénible souvent, plein d'écueils
et de difficultés; aller *demander*, *quêter* chez les
autres. Ce n'est pas tant la modestie, la timidité
qui nous font reculer devant ce métier, mais
plutôt l'orgueil et une espèce de faux amour-
propre : on n'aime pas condescendre à solliciter
son prochain.

Le fait est que le métier de quêteuse n'est
pas bien vu et fertile en déboires et en humi-
liations; mais il est malheureusement nécessaire;
aussi, dominant notre égoïste fausse honte, nous
apprendrons à demander chaque fois que notre
devoir nous le commandera, en nous préoccu-
pant uniquement de *bien demander*.

Tâchons en cette matière délicate de trouver la note juste, le tact voulu qui feront accueillir notre requête de bon cœur. Il existe un « Sésame ouvre-toi ! » pour ouvrir le cœur de notre prochain et sa bourse en même temps. Cette formule magique ne s'enseigne pas ; elle jaillira spontanément de notre cœur s'il est tout ému, tout pénétré de la cause que nous plaiderons, et notre pitié, notre ardent désir de secourir deviendront contagieux.

Attendons-nous pourtant, à trouver nombre d'âmes froides et sèches dont il sera malaisé de découvrir la corde sensible, et sachons essuyer des refus de bonne grâce et sans montrer d'humeur.

Frappons à toutes les portes, quêtons avec confiance et assurance, la compassion habite partout !

Cependant si l'objet de notre demande se rapportait à la mission intérieure ou étrangère, ou à quelque autre œuvre plutôt religieuse que philanthropique, ne nous adressons pas à des familles ou à des personnes faisant hautement profession d'incrédulité. Dieu est assez puissant pour intervenir et susciter des dons spontanés.

Cherchons surtout à gagner des âmes au service de notre divin Maître, et nous verrons l'or

et l'argent affluer dans les caisses de nos œuvres
de bienfaisance.

Celui qui veut suivre Jésus, éprouvera toujours le besoin de donner et de se donner.

La moisson est grande, mais il y a peu d'ouvriers, travaillons donc avec un redoublement
d'ardeur, et ne négligeons aucun moyen, quoi
qu'il puisse nous en coûter, de tendre vers un
but digne de toute notre activité, de toute
notre énergie.

TROUVER LE TEMPS

« Le temps, c'est de l'argent! » disent les
Anglais.

Bien davantage, puisque c'est la trame même
de notre vie, un capital qui ne se renouvelle
pas et dont chacun n'a qu'une fois la disposition.
L'argent qu'on a perdu peut se remplacer,
mais le temps perdu ou gaspillé ne se retrouve
jamais; la perte en est irréparable!

Combien de personnes, arrivées au terme de
leur vie, donneraient tout au monde pour la
recommencer et en employer les heures tout
autrement qu'elles ne l'ont fait! On donne
beaucoup à la futilité, à la frivolité, à des

conversations ou des lectures insipides et banales, et quand il s'agit de consacrer quelques heures à des nécessiteux, ou à quelque œuvre de bienfaisance, *on n'en a pas le temps!*

Et pourtant, que ne peut-on entreprendre et mener à bout pendant les courtes heures d'une journée, en en faisant un emploi judicieux et consciencieux! Une activité bien réglée paraît faire gagner du temps, tandis que l'oisiveté ne permet d'arriver à rien.

Il faut avant tout se lever matin, consacrer le moins de temps possible à la toilette, et s'habituer en tout à une grande régularité.

Que d'intérieurs où des demi-heures entières se perdent à attendre un membre attardé, un repas qui n'est pas prêt, ou à chercher un objet égaré.

Si les rouages de notre vie matérielle fonctionnent avec ordre et précision, nos entreprises morales seront infiniment facilitées, et nous pourrons, avec fruit, donner cours à notre sincère désir de faire une œuvre digne de nous et de notre vocation éternelle.

Il est toujours bon et salutaire de se *surmonter*, non seulement quand on est en santé et en pleine activité, mais encore quand on est malade ou simplement indisposé. Ne nous lais-

sons jamais aller à ces heures de demi-somno-
lence, de rêverie ou d'abattement, qui amol-
lissent nos forces physiques, énervent notre âme
et émoussent nos capacités. Nous n'y arriverons
certainement pas sans de l'énergie et une
volonté persévérante, mais nos efforts couronnés
de succès nous vaudront une satisfaction intérieure et une paisible et bienfaisante sérénité,
excellent bouclier contre la mauvaise humeur,
le découragement ou le chagrin.

De nombreuses mères de famille croient
avoir assez à faire dans leur intérieur et point
de temps à consacrer à des devoirs moins directs.
Avec un peu de bonne volonté, ne trouve-t-on
pas dix minutes de disponibles dans sa journée,
dix minutes pouvant se prolonger en une demi-
heure, une heure, quand le cœur se met de la
partie?

Bannissons les broderies dispendieuses et inutiles, les dangereux commérages, les visites
superflues, et nous ne pourrons plus, *en conscience*, dire que nous n'avons pas le temps.

D'autres, auxquelles leur existence laborieuse,
la lutte journalière pour gagner le pain quotidien, ne laisse en vérité aucun loisir, peuvent
tout au moins trouver le temps de prier, et
échapperont, en portant leurs regards plus haut,

à l'absorption égoïste des préoccupations matérielles.

Le sacrificateur et le lévite se hâtaient trop
d'arriver à Jérusalem. Ils abandonnèrent à
son malheureux sort le pauvre blessé, victime
des voleurs. Un moment d'arrêt ne leur aurait
porté aucun préjudice; leur hâte inutile les fit
pécher contre la miséricorde.

Emportés que nous sommes par le tourbillon
de la vie moderne; gagnés malgré nous par sa
fiévreuse agitation; absorbés par la multipli-
cité de nos intérêts, de nos passions, le temps
semble nous échapper, et sa fuite devenir plus
rapide d'année en année. Luttons contre ce
courant de mondanité qui nous entraîne, contre
un genre de vie factice, fatal à la santé du
corps comme à celle de l'âme. Simplifions nos
besoins, notre manière de vivre, et nous gagne-
rons du temps à consacrer aux bonnes œuvres.

BATTRE MONNAIE

Ce titre peut, au premier abord, paraître
déplacé et étrange; pourtant il y a bien des
manières de battre monnaie sans contrevenir à
la loi.

Le monde pullule d'argent, — argent bien monnayé, en billets de banque ou espèces sonnantes et trébuchantes — et c'est étonnant avec quelle facilité les humains le dépensent, quand il est question des soi-disant exigences de leur position, de leurs intérêts, de leur santé, de leurs jouissances matérielles, artistiques ou intellectuelles.

Il s'agit, pour ceux qui se consacrent à des œuvres charitables, d'arriver à détourner de son courant habituel, quelque peu de ce précieux métal élevé par le dix-neuvième siècle à la royauté souveraine, et sans le concours duquel les plus louables efforts sont condamnés à une attristante impuissance.

C'est dans ce but qu'on a souvent recours à des loteries, à des ventes, à des concerts et des fêtes de charité.

La loterie ne manque pas de détracteurs, non sans raison. Malgré tous ses défauts, elle est et restera très usitée, grâce aux facilités qu'elle offre de réunir promptement une somme souvent importante, et l'avantage qu'elle possède d'intéresser directement les organisateurs et les donateurs. C'est un écoulement tout trouvé pour une foule d'ouvrages à l'aiguille et d'autres produits féminins qui, autrement, n'auraient pas d'utilité. L'espoir de gagner sert d'amorce et les billets trouvent toujours des amateurs.

Le besoin de nouveauté et d'originalité a fait organiser des loteries dont les lots consistent uniquement en comestibles. Elles présentent plus de difficultés, puisque les lots doivent être frais et en bon état de conservation le jour du tirage.

Il faut scrupuleusement établir une proportion honnête entre le nombre et la valeur des billets émis et ceux des objets à gagner. Un objet unique est parfois mis en loterie: les billets alors sont moins nombreux, d'un prix plus élevé correspondant à la valeur du lot.

Les ventes de charité sont un moyen de battre monnaie supérieur aux loteries, puisque, ne devant rien au hasard et excitant moins la cupidité, il est plus désintéressé.

Elles se sont tant multipliées de nos jours, qu'il faut en les organisant viser avant tout à offrir aux acheteurs des objets d'une utilité pratique bien évidente et à la portée de toutes les bourses. On ne saurait ici entrer dans les détails d'une règle qui varie suivant chaque localité, ses goûts et ses habitudes, dont il faut toujours tenir compte. L'arrangement des comptoirs, la bonne grâce et l'empressement des vendeuses contribueront certainement aussi à un rapide écoulement de la marchandise.

L'écueil à éviter, c'est la transformation d'un rendez-vous de charité en une sorte d'arène de la vanité, où la compétition, le besoin de se faire admirer, de surpasser ses voisines par son étalage et sa clientèle, jouent un rôle prédominant et font user de tous les moyens pour grossir la recette aux dépens de la modestie et de la réserve qui siéent si bien aux femmes.

Depuis quelques années on organise chaque printemps à Paris ce qui se nomme *Le grand Bazar de la Charité* souvent dans une maison particulière mise à la disposition du Comité par ses aimables propriétaires. Cette vente continue pendant une quinzaine de jours ; elle n'est point au profit d'une œuvre unique. En s'adressant au Comité, toute œuvre digne d'intérêt est admise à y prendre part, ayant à cet effet son comptoir spécial et ses vendeuses attitrées, à la condition de payer sur ses recettes une somme servant à couvrir les frais d'installation. Le résultat obtenu ainsi est surprenant, et s'est élevé cette année, en totalité à 505,005 fr. en cinq semaines. C'est M. Harry Blount qui est

À la tête du Comité[1]. Voir son adresse en note.

Une manière de battre monnaie, qui rappelle les offrandes en nature de l'ancienne alliance, consiste à prélever une dîme pour les œuvres de charité ou les missions, sur le produit des troupeaux, des champs ou des jardins, en faisant « la part de Dieu ».

[1] BAZAR DE LA CHARITÉ

Impôt sur le Revenu

—

POUR LES PAUVRES

Les petits ruisseaux sont la source
Des grandes rivières, dit-on.
Laissez-moi happer dans sa course
Cet antique et sage dicton.

Je ne veux donc, tendant ma bourse
Que satisfait un rogaton,
Pour fonds de première ressource
De mon Bazar, qu'un ducaton.

Cent sous, rien de plus par personne ;
L'écu qui trébuche et qui sonne
Et qu'on enverra, vieux ou neuf,

— Est-ce une demande incongrue ? —
À cette adresse : Henry Blount, rue
De Courcelles, cinquante-neuf.

La Charité.

Pour copie conforme : GASTON JOLLIVET.

Une paysanne consacre aux missions tout le
miel d'une ruche; une autre le premier veau de
l'année, ou bien une paire de cochons de lait,
les poussins d'une couvée, la cueillette d'un
arbre fruitier.

Une dame ayant fait la part des besoins de
sa maison, des amis et des pauvres, vend tous
les fruits d'un immense jardin en faveur
d'œuvres charitables : fraises, cerises, groseilles,
prunes, raisins, poires et pommes, tout y passe.

Un amateur de roses destine aux pauvres jusqu'au dernier bouton d'un superbe maréchal Niel.

Quel plaisir de parcourir son jardin quand
on sait qu'il renferme de l'or en barre qui sera
frappé à l'hôtel de la Monnaie du bon Dieu!

Le moyen par excellence de battre monnaie,
est sans contredit de retrancher sur le luxe de
toilette, de table, d'ameublement. Ce ne sont
pas les plus riches que cela concerne uniquement; dans toutes les classes de la société, on
peut et doit pratiquer de ces économies.

Avec quelle facilité, soit à son ordinaire, soit
pour une fête de famille, on pourrait réaliser
une économie sur le choix d'un rôti ou de pri-
meurs, de l'entremets, du dessert ou du crû
des vins. On peut se passer d'un vêtement à la
dernière mode, d'un bijou nouveau; on peut

faire durer un mois de plus une paire de chaussures, épargner une paire de gants; reculer d'un
an le renouvellement d'un meuble ou d'une
partie d'un ameublement; éviter tant de dépenses inutiles et dont soi-même souvent on ne
profite pas.

A la fin de l'année on serait tout étonné de
se trouver à la tête d'un vrai petit capital, dont
le bon emploi procurerait de plus nobles, meilleures et plus durables jouissances.

Tous ces moyens de battre monnaie, loteries,
ventes, concerts de charité, etc., quels qu'ils
soient, sont infiniment élémentaires, rudimen-
taires et, en somme, peu dignes du but qu'ils
doivent atteindre et de Celui auquel s'adresse
l'offrande.

Rappelons, à ce propos, le mot profond de la
sœur Rosalie, ce type, par excellence, de la
charité et du dévouement absolus à son prochain : « *Je n'aime pas*, disait-elle souvent à ses
compagnes, les Petites-Sœurs-des-Pauvres, *qu'on
force le diable à faire la charité au bon Dieu!* »

En toutes choses, c'est le progrès qu'il faut
viser, et en charité encore plus que partout.
Nous souhaitons qu'un vif sentiment de la bienfaisance et de ce que nous *devons* à nos frères
plus déshérités, nous porte à les soulager en

telle mesure et avec un tel élan personnel, que toute nécessité disparaisse de battre monnaie comme nous venons de l'indiquer plus haut. C'est là le vrai, le seul communisme possible et réalisable, et nous l'appelons de tous nos vœux.

LE BUDGET DES BONNES ŒUVRES

Nous vivons à une époque matérialiste dans une atmosphère saturée de légèreté, d'irréligiosité, où les besoins de confort, de luxe, de vie aisée et facile vont grandissant d'effrayante façon. Il nous faut donc un christianisme sensé et conséquent, s'il doit contrebalancer cet état de choses avec quelque efficacité.

Il ne nous est pas permis de nous perdre dans des rêves chimériques, de poursuivre d'irréalisables fantaisies. Laissons là de stériles abstractions, de vagues contemplations, mais soyons, suivant la parole de l'apôtre : « fervents d'esprit, servant le Seigneur en rachetant le temps ».

Une prévoyance charitable devrait nous fournir de quoi répondre toujours aux appels nombreux adressés à notre charité fraternelle, en constituant dès le 1er janvier notre budget des bonnes œuvres, indépendant de notre caisse

ordinaire et protégé contre ses fluctuations de
hausse et de baisse, dont le double désavantage
est de nous porter parfois trop à la dépense, en
nous laissant d'autres fois dépourvus d'argent
pour nos pauvres ou nos œuvres.

La manière d'établir ce budget et d'alimenter
cette caisse spéciale de la charité peut varier à
l'infini; mais il est indispensable de la considérer comme sacrée et de n'y toucher jamais
pour nos dépenses personnelles. Ne tardons pas
à effectuer notre premier versement, même s'il
n'est que de quelques centimes.

L'ancienne alliance ordonnait aux Israélites
de donner pour le temple et les pauvres la dîme
de leurs revenus. Si cette ordonnance répond
aux dispositions charitables de votre cœur,
mettez-la sérieusement en pratique, comme le
font beaucoup de chrétiens zélés, en Angleterre
et en Amérique. On ne saurait poser de règle
générale; c'est là chose absolument personnelle,
qui dépend de la nature et de l'application de
nos revenus. C'est à notre conscience et à notre
cœur mûs par une foi sincère et un ardent désir
de bien faire, de résoudre ce problème.

L'essentiel, c'est l'esprit de sacrifice, le
renoncement joyeux et de bon cœur, qui seuls
plaisent à Dieu et font la valeur d'un don.

Une manière spontanée d'alimenter la caisse de la charité, consiste à payer un tribut de reconnaissance à Dieu à l'occasion de toute joie inattendue, que ce soit la visite d'un cher absent, la réception d'une bonne nouvelle, d'une lettre impatiemment désirée ou pour célébrer un joyeux anniversaire, une fête de famille. La tenue d'un semblable registre de nos joies et de nos bénédictions nous rendrait confus en nous faisant reconnaître que Dieu ne se lasse pas de nous bénir et nous exciterait à répandre à son exemple joie et bonheur autour de nous.

RAMASSER LES MIETTES

Jésus lui-même, alors qu'il venait de rassasier cinq mille personnes, n'a-t-il pas dit à ses apôtres : « Ramassez les morceaux qui sont restés, afin que rien ne se perde. »

Retenons cette recommandation et passons la revue de toutes les *miettes* d'un ménage dont les plus petites, les plus insignifiantes trouvent encore leur utilité.

Certains aliments ne se conservent ou ne se réchauffent pas facilement; envoyez-les donc immédiatement à un pauvre ménage de votre voisinage; si c'est une friandise, elle réjouira une malade privée de ces petites douceurs qui relèvent un appétit languissant, et fera tout autant de bien à son cœur.

Ne jetons jamais le marc de café, pas plus que les déchets de viande, de graisse ou autres; tout cela servira au pauvre, comme aussi les épluchures de pommes de terre, de salade à la chèvre qu'il élève peut-être.

Nos domestiques nous seconderont volontiers dans ces petites économies, si nous leur en donnons l'habitude.

Les vieux bouchons, coupés en minces morceaux de la grandeur d'une lentille, rempliront des coussins élastiques secs et souples, · très utiles pour reposer un membre malade ou même tenir lieu de coussin à air aux pauvres alités.

Les vieux timbres-poste sont reçus avec reconnaissance par la Maison des Missions de Bâle; l'orphelinat des Billodes (Suisse); M. Th. Escande, chez M. de Luze, quai des Chartrons, à Bordeaux, M. Arnal, pasteur à l'Estréchure (Gard), et par d'autres qui savent en retirer un joli bénéfice en les revendant au profit de la Mission, ou de la libération des jeunes esclaves au Sénégal.

Que d'heureux feront, parmi les enfants

pauvres, orphelins et abandonnés, les poupées et les jouets défraîchis et raccommodés n'amusant plus les enfants blasés et gâtés par l'abondance de leurs joujoux!

Les restes d'étoffes de tous genres, les vieux gants, le vieux linge soigneusement mis de côté, constitueront un fonds de réserve dont nous apprécierons maintes fois l'utilité. Quant aux vêtements que nous ne pouvons plus employer pour nous ou nos enfants, soyons très prudents dans l'usage que nous en ferons. N'oublions pas que des étoffes peu solides, d'une teinte délicate, seraient un don funeste aussi bien qu'une robe chargée de garnitures qui suggéreraient des idées de luxe et d'élégance nuisibles à sa destinataire.

Il vaut mieux vendre aux marchands de chiffons certains effets de toilette et, du prix qu'on en retirera, acheter les bons, solides et simples vêtements nécessaires aux travailleurs et aux indigents.

Que de maisons où de bons vieux livres restent à l'abandon au grenier, alors qu'ils pourraient encore intéresser, distraire, édifier un grand nombre de lecteurs. Il suffirait pour cela de les trier et de les envoyer, suivant leur contenu, aux salles militaires de lecture de l'œuvre Mac-All, aux bibliothèques des Unions chrétiennes ou à des orphelinats. De même pour les publications périodiques qui, une fois lues, ne servent plus à personne.

Pour aider aux personnes de bonne volonté *à ramasser ainsi leurs miettes*, s'est fondée à Genève la collecte des vieux papiers dont le produit est versé à plusieurs œuvres philanthropiques destinées à donner du travail aux femmes.

La vente du vieux papier collecté dans les familles a produit de 1861 à 1886, 221,264 kilos de vieux papier qui ont rapporté une somme de 36,162 francs. Sur cette somme il a été prélevé 18,269 fr. pour le salaire des employés à la collecte, le triage et la manutention des papiers. Le reste a été employé au paiement du loyer et à des subventions à diverses œuvres. Le bureau se trouve rue du Marché, 34, à Genève.

Pour contribuer à cette œuvre, il suffit de demander un sac à la directrice; lorsqu'il est rempli, elle le reprend et le remplace par un autre.

On reçoit aussi en dons les livres, journaux, brochures, imprimés, débris de carton et papiers écrits. Ces derniers sont réduits en petits morceaux, quand ils sont en paquet avec l'inscrip-

3

tion : à couper. Tout ce qui en livres, revues, musique peut avoir quelque valeur, est mis à part pour être revendu à prix réduits à des amateurs d'occasions.

Si nous entrons dans tous ces détails, c'est pour faire connaître cette ingénieuse manière de ramasser les débris ; nous avons l'espoir que la collecte des vieux papiers sera imitée dans d'autres villes.

Ici, comme dans la nature, rien n'est inutile, rien ne doit se perdre ; tout peut se transformer, et retrouver son utilité sous une nouvelle forme et dans un nouveau milieu.

NOTA. Le plan de ce livre et quelques-uns des matériaux qui le composent ont été empruntés à l'Agenda de la Société allemande de bienfaisance *Edelweiss*, avec l'autorisation de son auteur, M. Hülle, pasteur à Berlin. Pour le reste, nous devons une partie de nos renseignements au Manuel de l'Assistance à Paris, par Jules Arboux, à l'Annuaire philanthropique vaudois, aux Institutions philanthropiques genevoises, par le pasteur Mittendorf, à *Paris bienfaisant* de Maxime Du Camp, aux Conseils pratiques aux jeunes personnes sur le choix d'un état, par Marsenac et Métérié-Larrey, au Dictionnaire des Professions, aux Associations charitables, de Borel, à l'Annuaire statistique de la France, aux ouvrages de Leroy-Beaulieu.

ACTIVITÉ CHRÉTIENNE

TACHES FACILES

DISTRIBUTION

DE TRAITÉS ET DE FEUILLES RELIGIEUSES

« Le bien se fait à si peu de frais, qu'on se
sent à la fois humilié et encouragé quand on y
pense. »

C'est à titre d'encouragement surtout que
nous citons cette remarque si vraie de Jules
Simon. Elle nous aidera à nous mettre à
l'œuvre sans tarder, modestement, simplement,
selon nos aptitudes, notre position, nos moyens.

Faisons appel à ce qu'il y a de meilleur en
nous, à tout notre renoncement, à notre bonté,
notre amour du prochain, et, à l'exemple de

notre divin Maître, commençons la propagande
du bien.

Voici, tout d'abord, une entreprise facilement
abordable quoique appelée à de beaux et bien-
faisants résultats : la distribution, dans des
contres pauvres et ouvriers, de feuilles religieuses, illustrées ou non. Elle remédie en partie
à deux maux de notre époque : *le manque de
communion entre les chrétiens* et *l'éloignement
existant entre le peuple et les classes aisées.*

Les chrétiens mettraient en commun leur
bonne volonté, leur intelligence et leur bourse
pour composer, publier, fournir ces feuilles
dont la distribution, en donnant accès à nombre
de pauvres foyers, autoriserait, par l'intérêt que
l'on prendrait aux petites affaires, aux soucis
comme aux joies de ces humbles, une fraternité
fertile en heureux résultats, sans parler de
l'action moralisatrice qu'exercerait une saine
et fortifiante lecture.

Il existe à Berlin une *Société pour la propaga-
tion de journaux chrétiens,* s'occupant spécialement d'éditer des journaux du dimanche appropriés à toutes les catégories de lecteurs, et en
favorisant la diffusion. Elle publie l'*Ami des
Ouvriers,* destiné aux ouvriers de fabrique, le
Nouveau Journal du Dimanche, d'un intérêt

général, le *Journal des jeunes gens*, la *Feuille militaire du Dimanche*, l'*Edelweiss* s'adressant aux femmes cultivées, journaux paraissant les uns chaque semaine, d'autres mensuellement.

Cette société fournit gratuitement journaux et feuilles à distribuer, à toute personne qui se charge de les répandre *elle-même* régulièrement parmi les pauvres, les ouvriers, les malades de son entourage, et en expédie à toute adresse qu'on lui indiquera. La distribution reste gratuite, mais quand faire se peut, les lecteurs doivent être amenés à payer une petite contribution, un sou par mois, par exemple, afin d'alléger un peu les frais de la société.

Nous n'avons encore rien de pareil en France. En attendant la fondation d'une semblable société, il faut nous contenter de faire une œuvre personnelle, sur une plus petite échelle, en répandant les traités et les bons journaux que nous possédons.

La *Société des traités religieux de Paris* (M. Arbousse-Bastide, agent général, 33, rue des Saints-Pères. Traités assortis : 3 fr. le cent. Envoi gratuit aux personnes peu fortunées ou paroisses pauvres); la *Société des livres religieux de Toulouse*, Dépôt, rue Romiguières, Toulouse ; la *Société des traités religieux de Lausanne* nous

offrent un choix considérable et varié de lectures sérieuses et attrayantes, certainement
propres à faire du bien.

Les Lettres affectueuses, de M. Samuel Por-
chère (5, rue Saint-Benoît, à Saint-Étienne,
Loire), adressées à différentes catégories de lecteurs, à des affligés, à des malades, à de nouveaux mariés, à des incrédules, nous permettent
de leur envoyer par la poste, des paroles
chrétiennes de consolation et d'encouragement,
tout en gardant l'anonyme (le cent assorti,
2 fr.).

En fait de journaux chrétiens dignes d'être
répandus, nous avons : *Le Signal* (8, porte de
Buc, Versailles ; France et Algérie, 8 fr. par
an ; Union postale, 9 fr.), qui, sous la remarquable direction de M. Réveillaud, a adopté un
patriotique programme d'évangélisation et de
relèvement moral.

La Femme (imprimerie Berger-Levrault et Cⁱᵉ,
Nancy, Meurthe et Moselle ; France 4 fr. par
an ; Union postale 5 fr.), modeste d'allures,
mais ambitieuse par son but de servir de lien
entre toutes les femmes chrétiennes.

L'Ami de la Jeunesse et des Familles (33, rue
des Saints-Pères à Paris ; France, 5 fr. par
an; Union postale, 5 fr. 25 c.), le vrai journal

de la famille, intéressant jeunes et vieux et à la portée de tous.

L'Ami de la Maison et *Le Rayon de Soleil*, journaux populaires illustrés bien connus et appréciés dans le monde enfantin, rédigés par M. R. Saillens (M. Vasseur, 4, place du Théâtre-Français, Paris. Abonn. à chaque journal: France, 2 fr. par an; Union postale, 2 fr. 50 c.).

Le Bienfaiteur et l'Ami des Enfants, journal populaire d'éducation, mensuel, illustré (Librairie évangélique, 4, rue Roquépine, Paris; France, 1 fr. 50 c. par an; Union postale 2 fr.).

Lectures illustrées, journal pour enfants de 8 à 16 ans (2, rue de la Madeleine, Lausanne; Suisse, 1 fr. 50 c. par an; Union postale, 2 fr.; en prenant 10 abonnements 1 fr. 25 c.).

L'Amie de la Jeune Fille, excellent petit journal paraissant mensuellement et destiné aux jeunes bonnes d'enfants et institutrices, pour les encourager dans leur importante vocation et les aider à la remplir fidèlement (2, rue de la Collégiale, Neuchâtel; 1 fr. par an pour la Suisse; Union postale 1 fr. 50 c.).

M. Scitte, pasteur à Montluçon (Allier) publie une intéressante collection de brochures et traités se rapportant spécialement à l'histoire du protestantisme en France, et comme journaux :

Le petit Messager évangélique, recueil mensuel d'édification, d'instruction, d'évangélisation (Montluçon; France, 1 fr. 50 c. par an; Union postale 2 fr.).

L'Ami des Cochers, mensuel (Montluçon, par an 75 c.).

Le Témoin de la Vérité, feuille populaire et militante paraissant 2 fois par mois, avec supplément mensuel 2 fr. 60 c. p. an; sans supplément 2 fr. S'abonner à Rouillac, Charente-Inférieure.

Les Causeries morales et religieuses (Librairie Granié, Montauban; France, 1 fr. 50 c. par an; Union postale, 2 fr.).

Le Relèvement, journal populaire mensuel (Le pasteur Houter, 23, rue Saint-Jacques, Marseille; France 1 fr. 50 c. p. an. U. P. 2 fr.).

Le Journal des Missions (boulevard Arago, 102, Paris. 6 fr. p. an).

La Feuille missionnaire (M. Sack éditeur, Fontaines, val de Ruz, canton de Neuchâtel, Suisse; 50 c. p. an).

La Revue missionnaire (rédigée par M. Piton, ancien missionnaire; Delachaux et Niestlé, Neuchâtel; 5 fr. p. an).

Citons encore:

L'Ami chrétien des Familles; bi-mensuel. 2 fr. p. an.

L'Appel, feuille de Mission intérieure; 1 fr. 50 p. an.

La Bonne Nouvelle; mensuel. U. P. 2 fr. 50 p. an.

Bulletin dominical trimestriel ; 1 fr. 50 p. an.

Chrétien évangélique; mensuel. U. P. 12 fr. p. an.

L'École du Dimanche; 1 fr. 25 p. an.

L'Éducation chrétienne. U. P. 3 fr. p. an.

La Famille; bi-mensuel. 5 fr. p. an.

La Feuille religieuse du canton de Vaud. U. P. 2 fr. 50 p. an.

Le Foyer domestique. U. P. 8 fr. 50 p. an.

Le Journal des Écoles du Dimanche ; 2 fr. 50 p. an.

Le Journal de l'Unité des frères. U. P. 5 fr. p. an.

Louange et Prière; 0 fr. 50 p. an.

Le Missionnaire. U. P. 2 fr. 10.

La Mission intérieure; 1 fr. 50 p. an.

Le Petit Glaneur; 1 fr. 50 p. an.

Le petit Messager des Missions évangéliques ; 2 fr. p. an.

La Revue chrétienne; mensuel. 12 fr. p. an.

La Semaine illustrée; 6 fr. p. an.

La feuille de la Tempérance. U. P. 1 fr. 50.

Pour de plus amples détails et les abonnements à tous ces journaux, s'adresser à la LIBRAIRIE FISCHBACHER, *33, rue de Seine,* à Paris.

PROTECTION DES JEUNES OUVRIÈRES

L'accroissement du nombre des grandes manufactures, où les femmes sont réunies par troupeaux, a causé un mal incalculable et qui va grandissant.

Il arrache la mère à son foyer et met à l'abandon l'enfance et la jeunesse. Dans toute ville, dans tout village de quelque importance industrielle, nous trouverons de pauvres jeunes filles réellement ou moralement abandonnées, privées de bons exemples, de bons conseils à l'âge où elles en auraient le plus besoin, et ne rencontrant souvent dans leur intérieur, si elles en ont un, que la malpropreté, le désordre ou la débauche.

Des femmes ou des hommes de bien, frappés de la triste situation de ces pauvres filles et des dangers auxquelles elles sont exposées, ont fondé dans plusieurs centres manufacturiers (à Mulhouse, à Lyon, etc.), des asiles où les jeunes ouvrières isolées trouvent, avec le logement, la nourriture et le blanchissage, une atmosphère saine et une judicieuse direction. Il existe aussi, dans les environs de Lyon, des établissements considérables, tenant de la fabrique, de l'école

et du couvent, où les jeunes ouvrières peuvent
passer leurs années d'apprentissage : à Jujurieux,
par exemple, pour les taffetas; à La Seauve;
pour les rubans. Le règlement y est très sévère
et la surveillance confiée à des religieuses.

La Société d'apprentissage de jeunes filles, à
Nîmes, avec un budget de 2000 fr., patronne
20 à 25 jeunes filles à raison de 8 fr. par mois;
pendant leur apprentissage, une surveillance
morale·très active est exercée.

L'organisation de sociétés de patronage dont
nous parlerons plus loin, favorise beaucoup cette
protection moralisatrice, mais n'est pas suffisante.
Toute femme chrétienne devrait avoir à cœur
de contribuer, pour sa faible part, à soustraire
la jeune ouvrière aux maux créés par les progrès de la grande industrie et le travail de
fabrique.

Commençons donc par nous occuper d'une ou
de deux jeunes filles particulièrement, au moment où elles quitteront l'école pour se préparer à gagner leur vie. Si faire se peut, cherchons à les détourner du travail de fabrique,
plus lucratif, mais plus dangereux, et de leur
trouver un gagne-pain conforme à leur intelligence et à leurs aptitudes. Le tableau de toutes
les professions et des métiers accessibles aux

femmes, publié à la fin de ce livre, facilitera cette recherche.

Veillons à ce qu'elles aient une nourriture suffisante et convenable, soit en leur donnant des secours en nature, ou, mieux encore, en les faisant manger chez nous à jours fixes. En même temps que nous les fortifierons ainsi physiquement, nous aurons une excellente occasion de leur témoigner notre intérêt, notre affection, de les accoutumer à l'ordre, à la propreté, d'acquérir sur elles une bonne et durable influence. Visitons-les; assurons-nous de l'emploi de leurs loisirs, en un mot, montrons-nous leur amie fidèle et maternelle, et aidons-les à devenir de braves filles et plus tard de bonnes épouses, de bonnes mères. Ce sera rendre à la société, sous une apparence modeste, de grands, d'incalculables services.

SANCTIFICATION DU DIMANCHE

« La loi du dimanche, écrivait récemment un journal religieux français, est une loi de charité, et lors même que les théologiens ont diverses manières de la comprendre, notre cœur devrait toujours en rendre l'application facile. »

Les femmes ayant eu de tout temps le privilège d'adoucir les mœurs, de tenir haut et ferme le drapeau de la civilisation et du progrès, c'est particulièrement aux chrétiennes de nos jours qu'il appartient d'user de leur influence en cette question aussi importante pour le bien-être physique et moral des individus que pour celui de la nation entière. Elles peuvent, mieux que personne, seconder et favoriser l'action de la *Fédération internationale pour l'observation du dimanche.*

Pour commencer, cherchons dans notre intérieur, à faire du dimanche un vrai jour de fête, consacré à Dieu tout d'abord, à notre prochain, au repos du corps et de l'esprit, un jour de joies pures, élevées, chrétiennes, afin

« Que tout dimanche heureux sur la semaine entière,
« Jette un parfum de paix, d'espérance et d'amour. »

A cet effet, bornons au strict nécessaire tout travail matériel accompli ce jour-là. Cela nous sera facile, avec un peu de prévoyance, en ne remettant au dimanche aucun travail, aucun achat faisable pendant la semaine, afin que nos domestiques ne soient pas privés du repos auquel ils ont droit.

Les dîners de famille sont très fréquents le

dimanche, surtout parmi ceux qui, pendant la semaine, n'arriveraient pas à se réunir. Une maîtresse de maison entendue saura trouver les combinaisons culinaires qui permettent d'offrir un dîner très sortable, tout en n'accablant pas de besogne les domestiques. Avec un peu de volonté et d'intelligence, elle y arrivera parfaitement.

Nous pouvons, par mille détails, épargner à notre prochain le travail du dimanche, si vraiment la sanctification de ce jour nous tient à cœur.

Nous éviterons, dans ce but, d'inonder la poste de prospectus, de faire-part de mariage ou de naissance, de circulaires, d'imprimés divers et de lettres non urgentes le samedi après-midi et le dimanche, afin de diminuer le travail des facteurs le jour du repos, et en toutes choses nous nous montrerons parfaitement scrupuleux et soucieux du soulagement de nos frères.

Pour terminer, voici un appel tiré du *Bulletin dominical* :

« *Veillez à l'emploi de vos dimanches*, à l'usage que vous en faites; demandez-vous s'ils vous sont moralement profitables, si votre emploi du temps, votre compagnie, votre conversation de ce jour sont ce qu'ils doivent être; demandez-vous si ce jour-là vous montez quelque échelon

vers le ciel; si en reposant votre corps et votre
esprit, il restaure aussi votre âme en la rappro-
chant du Père Céleste. Prenez garde que ce
jour mal utilisé ne vous fasse, au contraire,
descendre vers la dissipation, vers le mal, vers
la terre, vers l'abîme. »

FÊTES DE NOËL

Ils sont nombreux, hélas! les pauvres, les
misérables, les déshérités qui ne connaissent de
la vie que son rude labeur, ses peines, ses
soucis journaliers. L'existence, pour eux, res-
semble à la traversée d'un aride Sahara. A
nous, mieux partagés par la Providence, d'y
créer pour eux de rafraîchissantes oasis, où ils
reprendront la force de supporter le poids brû-
lant du jour.

Une date tout indiquée pour semer la joie
autour de nous, c'est celle du jour de Noël,
dont le nom seul, autrefois, était un cri de
réjouissance et prétexte à largesse. Il fait bon
donner en ce jour où nous célébrons le souvenir
du plus grand don fait à l'humanité.

L'usage des arbres de Noël se répand de
plus en plus dans les grandes villes, leur bril-
lante lumière réjouit jeunes et vieux, riches et

pauvres, et reste toujours le plus-bel ornement
de cette fête touchante, qu'elle réunisse de
pauvres familles, des enfants ou des vieillards.

La dernière bougie s'est éteinte, le dernier
invité est parti, emportant avec le souvenir de
bonnes et consolantes paroles, des preuves tan-
gibles de l'affection, de l'intérêt qu'on lui a
témoignés. Toute fête passe vite, mais il n'en
est pas ainsi des préparatifs, et nous ferons bien
de nous en occuper longtemps à l'avance, si
nous ne voulons pas que Noël nous prenne au
dépourvu.

Au lieu de perdre notre temps à des ouvrages
de fantaisie dispendieux et inutiles, dont le
principal résultat est d'encombrer le salon et
de compliquer singulièrement l'entretien de
cette pièce, ayons toujours un ouvrage utile pour
les pauvres en train. Sans nous en apercevoir,
nous confectionnerons ainsi petit à petit une
jolie collection de bas, de jupons, de mitaines
ou de layettes, où nous serons heureuses de
puiser, le moment venu. Tous les membres de
la famille peuvent contribuer à grossir ce tré-
sor; les petites filles et leurs sœurs aînées se
chargeront d'habiller des poupées, les jeunes
garçons feront des livres d'images, de petits
cartonnages. Ils y prendront goût et ces diverses

occupations préviendront le désœuvrement des jours de vacance.

Nous n'aurons pas à chercher bien loin ceux que nous voudrons réjouir. En le faisant, évitons tout ce qui pourrait transformer la fête en une parade de charité; conservons-lui un caractère intime, familial.

Faisons sentir à nos invités que c'est là plus qu'une simple distribution de quelques cadeaux; réchauffons-les au rayonnement de l'amour divin qui nous porte vers eux, nous pousse à éclairer leur route sombre d'un rayon d'amour et de miséricorde.

Noël n'est qu'une fois l'an; mais il ne manque pas d'autres belles fêtes à célébrer, et d'occasions d'offrir aux deshérités, aux pauvres, aux malades de ces joies qui relèvent leur courage abattu, soutiennent leur foi, raniment leur espérance.

NOS DOMESTIQUES

Nos domestiques se recrutent en majeure partie parmi la classe ouvrière et celle des campagnards. Notre premier devoir vis-à-vis d'elles consiste à contribuer à leur développement pratique et à leur éducation morale.

4

Presque toujours les bons maîtres font les
bons domestiques et savent gagner leur attachement et leur fidélité en traitant avec une
bonté judicieuse et ferme, une autorité tempérée
d'égards ceux que Georges Sand appelait « nos
aides dans la maison ».

Destinées à rentrer un jour dans leur famille
ou à en fonder une nouvelle, elles doivent y
emporter ce qu'elles ont appris chez nous : une
bonne manière de tenir leur ménage, d'entretenir le linge, des principes de piété, d'ordre et
d'économie. Gardons-nous donc de leur donner
l'exemple du luxe, et des habitudes qu'elles ne
pourraient plus un jour satisfaire. Enseignons-
leur à apprécier les qualités solides des gens et
des choses.

Si nous possédons tous les dons d'une ménagère accomplie, ne craignons pas de former
une jeune domestique, et ne nous laissons pas
rebuter et décourager par quelques premières
maladresses, par de la lenteur d'esprit ou de
la légèreté de caractère. Exerçons-nous, en
toute charité, à faire une femme laborieuse,
fidèle et dévouée de cette jeune fille inexpéri-
mentée qui, un jour, est venue s'asseoir à notre
foyer, poussée par la nécessité de gagner son pain,
ou par le désir d'acquérir de nouveaux talents.

Donnons à nos domestiques le temps néces·
saire pour raccommoder leurs vêtements, coudre
leur linge sans avoir recours à une aiguille
étrangère et coûteuse. Inspirons-leur le goût de
tenir leur chambrette en ordre, de l'orner d'un
tableau, d'un pot de fleurs. Ne croyons pas
déroger en consacrant quelques instants de la
journée ou de la soirée, à nous asseoir à côté de
notre domestique pour lui enseigner à poser une
pièce, à tricoter un talon de bas, à faire un point
de crochet, à nous intéresser à ses petites
affaires. Si c'était nécessaire, montrons-lui à
lire et à écrire, mais surtout à lire, en réflé-
chissant aux idées émises par l'auteur, pour en
peser la valeur, en mesurer la justesse. Faisons-
lui un dimanche tel qu'elle comprenne bien ce
que signifie l'expression : sanctifier le jour du
sabbat, et qu'une fois elle éprouve le besoin
d'écrire sur le linteau de sa propre porte :
« Moi et ma maison nous servirons l'Éternel. »

Procurons-lui des récréations et des plaisirs
sains, en nous appliquant à lui en faire reconnaître la supériorité sur les dissipations vulgaires
que s'accorde la généralité des domestiques
négligés par leurs maîtres.

N'oublions pas que nous avons charge d'âme,
et sachons, par notre influence mieux que par

de longs discours, la gagner au bien, la préserver
du mal.

COMBLER LES VIDES

Le devoir, net, bien défini, se présentant à
nous sous forme distincte, peut se comparer à
une belle route bien droite, parfaitement
éclairée, où l'on ne saurait se perdre et s'égarer.
Mais il existe aussi de petits chemins de tra-
verse, tortueux, bourbeux, malaisés à suivre,
n'aboutissant nulle part, semble-t-il, et qu'aucune obligation ne nous force à prendre.

C'est précisément dans ces petits sentiers-là,
dépendant de la grande route du devoir, que
s'engageront toutes les femmes désireuses d'acquérir le grand talent de combler les vides, et
tout le discernement, le tact et le parfait renoncement qu'exige cette utile mission.

Elle s'exercera le plus souvent au sein même
de la famille; mais pour la remplir avec profit,
il ne faudra pas se laisser entraîner par l'impé-
tuosité irréfléchie d'un premier mouvement, il
faudra savoir d'abord si nos services seront reçus
avec plaisir, et trouver la bonne manière de les
faire agréer.

Il ne suffit pas de voir clairement les défauts,
les lacunes,

        « La critique est aisée, mais l'art est difficile »,

tout particulièrement celui d'étendre délicate-
ment une main secourable, sans vanité, ni par
besoin de se mettre en avant.

Se sentir utile! N'est-ce pas une inépuisable
source de contentement, la satisfaction d'un
besoin naturel à la femme, tellement «qu'il n'y
a rien de si fatal au bonheur de la vie que le
manque d'une voie honorable, d'un débouché
normal pour les facultés actives et affectives».

Toute mère soucieuse du vrai bien de ses
filles, les accoutumera de bonne heure à s'exercer à ces petites œuvres de miséricorde, à payer
de leur personne partout où il y aura un vide à
combler, où fera défaut un cœur chaud et sympathique.

Voici une personne âgée, infirme, solitaire,
dont les journées s'écoulent avec une désespé-
rante monotonie. Faites-lui la charité d'une
visite, d'une lecture à haute voix. Allez seconder
cette pauvre sœur diaconesse surchargée de
travail. Enseignez cette jeune fille qui n'a pas
le moyen de se perfectionner dans telle ou telle
branche de son instruction. Remplacez momen-
tanément, auprès de ses enfants, une mère de
famille exténuée de fatigue.

L'habitude que nous prendrons ainsi de
servir notre prochain sera d'une utilité incon-

testable au développement de notre caractère et influera sur notre vie entière.

Si Dieu nous mène par une voie douloureuse, s'il nous refuse nos désirs les plus chers, nous reprend nos bien-aimés, nous connaîtrons les vides irréparables et découvrirons plus facilement ce qui manque à d'autres affligés. Après les consolations de la foi, nous n'en trouverons pas de meilleures que celle-ci, et nous vérifierons la parole de Schleiermacher : « Le plus beau cadre d'une grande douleur, c'est cette guirlande de petites joies que nous procurons à d'autres! »

L'HOSPITALITÉ

L'hospitalité que nous connaissons et pratiquons de nos jours, n'est que le pâle reflet de celle qu'exerçaient de si noble et large façon les chrétiens, la primitive Église et nos ancêtres de la Réformation.

Jetons un regard dans la demeure de Luther : nous la trouverons toujours emplie d'hôtes (des persécutés, des bannis pour la plupart), en dépit des maigres ressources du ménage. Et les premiers chrétiens, n'ouvraient-ils pas leur porte toute grande, en dépit du danger de cacher des condamnés à mort?

L'hospitalité ainsi comprise nous fait faire un retour sur nous-mêmes, et doit nous rendre honteux de la froide et égoïste réserve, qui, trop souvent, rapetisse notre foyer.

Les conditions de la vie moderne sont, il est vrai, toutes différentes, dans les grandes villes surtout, où l'exiguité des appartements et la cherté des vivres font obstacle à la patriarcale hospitalité du bon vieux temps. Autrefois aussi, les exigences étaient moindres : on se contentait de peu; on partageait avec reconnaissance un frugal repas.

Le luxe et les besoins grandissants de notre génération sont donc les ennemis de l'hospitalité véritable que l'amour-propre de la maîtresse de maison rend bien difficile, puisqu'elle la rend dispendieuse.

A la campagne et à la ville pourtant, et dans maint presbytère nous trouverons encore d'heureuses exceptions, et des familles qui se font une joie, un honneur d'héberger quiconque frappe à leur porte. L'évangéliste, le collecteur y seront toujours bien accueillis, les amis bienvenus à toute heure et en toute occasion.

Toutefois il y a plusieurs manières d'ouvrir notre porte à notre prochain et de le faire asseoir à notre foyer.

Si nous avons des fils ou des filles au lycée
ou en pension dans quelque grande ville, pour-
quoi ne ramèneraient-ils pas pour les vacances
un camarade, une compagne de classe privés
de leurs parents ou dont la santé demande un
changement d'air?

N'y a-t-il point parmi nos connaissances ou
celles de nos amis, un professeur, une institutrice, un pasteur peu fortunés et fatigués, une
mère de famille à bout de forces, une jeune
fille délicate, un convalescent pour lesquels un
séjour à la campagne serait un vrai bienfait?

Les habitants des villes, par contre, peuvent
mettre leurs avantages artistiques et intellectuels à la portée de campagnards que la modicité de leurs ressources empêche d'en jouir.

Leur hospitalité permettrait ainsi à plus d'une
jeune fille empêchée d'entrer dans une pension
en renom, de terminer ses études, d'acquérir
les connaissances nécessaires pour gagner sa vie.

En ouvrant bien larges les portes de leur
salon, une franche, simple et cordiale hospitalité
y attirera et y retiendra les jeunes gens sans
famille, et les préservera de chercher ailleurs
de malsains, de fatals amusements.

De semblables maisons attirent la bénédiction
divine et la répandent.

Nous avons assisté, depuis quelques années, au rapide développement des colonies de vacances, et y avons contribué peut-être de notre bourse. C'est un heureux symptôme ; il prouve que la classe possédante songe à offrir, pour quelques semaines, à de pauvres êtres chétifs et souffreteux, des bienfaits dont elle a toujours joui.

Ouvrons avec nos bourses, nos cœurs et notre maison ; les moyens des comités sont bien limités, nous pouvons les grossir considérablement en mettant à leur disposition, une chambre, un pavillon inutiles et vides pour l'offrir à ces humbles dont Jésus a dit : « Ce que vous ferez au plus petit d'entre mes frères, ce sera comme si vous me l'aviez fait à moi-même. »

EN VOYAGE

On s'y met souvent de nos jours. La facilité des communications favorise un impérieux besoin de voir du nouveau, de changer de milieu ; comme aussi l'activité fiévreuse de la vie journalière finit par un surmenage général et exige du repos et des distractions que l'on cherche aux eaux, dans les montagnes, au bord de la mer. Tout le monde prend des vacances, et cela constitue un immense chassé-croisé de voyageurs et de voyageuses.

Si nous sommes parmi les favorisés qui peuvent et doivent voyager, en ayant les moyens, songeons, avant de nous mettre en route, à tous ceux, bien nombreux, dont les souffrances sont indéfiniment prolongées, faute d'être à même de retrouver la santé par une cure, un changement d'air. Cherchons à les y aider, d'une manière ou d'une autre; nous partirons le cœur léger et jouirons sans arrière-pensée de notre prérogative.

En quittant la maison, nous y laissons la plupart de nos devoirs réguliers; ceux que nous impose la charité, le souci du bien-être de nos frères nous suivent partout, et il ne nous est jamais permis de nous absorber en nous mêmes et, fermant les yeux, de nous abandonner à la mollesse, à l'indifférence. Ouvrons-les bien grands, au contraire, afin de découvrir dans la foule qui nous entoure celui ou celle qui pourraient avoir besoin de nous, d'un avis, d'une indication, d'un bon conseil souvent précieux.

Sommes-nous membres de l'Union Internationale des Amies de la Jeune Fille? N'oublions-pas de serrer dans notre sac de voyage la liste des membres et un livret. Nous rencontrerons peut être une jeune fille allant au loin, et serons heureuses de la protéger contre les dangers de la route en lui donnant l'adresse d'un *home* ou une recommandation pour une dame amie.

On noue souvent en villégiature de très agréables relations, et l'agrément d'une aimable société favorise les bons effets de la cure. Nous verrons aussi passer comme des ombres, au milieu de la foule bruyante et élégante, de pauvres personnes que leur mise modeste et leur solitude rendent craintives et presque honteuses. Allons à elles, montrons-leur de l'intérêt. Tâchons de leur procurer un plaisir qu'elles ne pourraient s'accorder, et que notre sympathie chrétienne les réchauffe comme un rayon de soleil.

Si l'occasion s'en présente, intéressons nos nouvelles connaissances à des œuvres de charité, *faisons de la réclame*, mais avec tact, sans insister, en gagnant les bourses par les cœurs atteints par la contagion du bien. La saison balnéaire sera ainsi fertile en bénédictions et portera double et triple fruit.

MALADES ET CONVALESCENTS

La charité nous appelle aussi au chevet des malades, au fauteuil des convalescents de toute classe, de toute position. Portons-leur notre affectueuse sympathie, et tâchons de les distraire de leurs souffrances, d'abréger la longueur de leur journée par une petite surprise, par des fleurs, par un récit égayant, par une parole ou une lecture consolante. Quelle joie pour nous, si nous y réussissons quelque peu, si nous pouvons rendre à une âme affaissée un peu de courage et d'espérance!

Si ce sont des malades pauvres que nous visitons, il faudra songer avant tout aux nécessités de la vie matérielle, hâter leur guérison par une nourriture fortifiante et faire ce qui dépend de nous pour que la maladie n'engendre pas la misère et toutes ses calamités.

L'inaction est un mal tout aussi redoutable que la maladie, dont il double la souffrance.

Afin de conjurer ce fléau, ingénions-nous à trouver d'heureuses combinaisons pour occuper et amuser les malades par des jeux ou de faciles travaux intellectuels et manuels. Quand les doigts et l'esprit sont occupés, bien des douleurs passent inaperçues ou se sentent moins profondément.

Il y a les lectures édifiantes et récréatives, les livres de gravures, les journaux illustrés, les jeux de patience, les cartonnages de tous genres, divers ouvrages faciles au crochet, au tricot, au filet. Remarquons que les jeunes garçons et même les hommes acquièrent une certaine adresse à ces travaux durant de longues maladies chroniques.

La fabrication de livres d'images dits *scrap-books* est une excellente distraction. Il s'agit de découper des images peintes et d'utiliser celles que prodigue la réclame pour les coller avec goût et symétrie sur les feuillets d'albums spéciaux.

On peut aussi grouper gracieusement des fleurs habilement séchées et les coller sur des cartes de différentes dimensions. En y ajoutant un texte biblique, ou une belle devise, un souhait, on aura de jolies cartes de Noël ou de fête, selon l'usage anglais qui tend à se généraliser.

De charmants abat-jour peuvent se fabriquer également avec des fleurs et des herbes séchées placées entre deux feuilles de papier à fleur

encadrées de carton fort, formant 5 ou 6 pan-
neaux cousus ou collés ensemble[1].

N'oublions pas les dessins à la sépia exécutés
par un procédé mécanique à l'aide d'un écran
tamis et d'une brosse ou d'un pinceau. Par
un procédé analogue on imprime des versets
bibliques, des sentences sur des cartes ou des
rubans de soie.

Si nos pauvres malades ont besoin de gagner,
procurons-leur un travail facile, peu fatigant et
quelque peu productif et ne reculons devant
aucune course, aucune démarche qui puisse en
faciliter l'exécution ou la vente.

Quand, à notre tour, nous serons étendus sur
un lit de douleur et de maladie, souvenons-nous
qu'un autre devoir de la charité consiste à ne
point faire peser sur notre entourage notre état
de souffrance, en réservant ce qu'il aura de plus
pénible pour notre communion avec Dieu.

Une malade célèbre, Mlle Christine Hermann,
de Heidelberg, écrivait des lettres circulaires
d'encouragement à toutes les malades dont elle
connaissait les adresses. D'autres malades ont
aussi utilisé leur plume. Ce don n'appartient

---

[1] M. Caviezel, instituteur à Pontresina, Haute Enga-
dine (Suisse) envoie des fleurs sèches des Alpes, Edelweiss, etc., par la poste à des prix très modérés.

pas à tout le monde, mais à la portée de tous
est la sérénité d'âme, la paix intérieure qui
permettra de remplir, au fort de la douleur,
une œuvre d'amour envers le prochain.

L'INTERCESSION

Ce titre provoquera peut-être un mouvement
de surprise : la prière est un acte de foi et ne
rentre pas dans la charité. Et cependant, quoi
de plus naturel, en face d'une grande détresse
morale ou matérielle, que de s'écrier: «Seigneur, viens à mon aide! Toi qui vois cette
misère et qui est plus miséricordieux, plus puissant que moi, il t'est facile de prêter secours! »

La prière nous donnera la force de continuer
notre tâche; elle établira un lien entre notre
prochain secouru et nous. Elle atténuera certaines aspérités de caractères, adoucira la ru-
desse des manières, diminuera certaines origi-
nalités, certains ridicules. Nos petites tâches de
charité seront facilitées malgré maintes difficultés, car notre prochain, par notre interces-
sion constante, ne fera plus qu'un avec Dieu et
nous.

Nous serons moins portées à nous enorgueillir
de nos petits succès, ayant appris à tout rap-

porter à Dieu qui nous emploiera comme ses messagères de paix ici-bas. Et véritablement l'échelle de Jacob sera rétablie entre le ciel et les pauvres, les malades, les isolés, les abandonnés, les affligés de cette terre.

Toutefois n'oublions jamais que l'exercice de la prière est un devoir difficile, qui ne se fait pas du bout des lèvres, mais dans lequel on se donne tout entier pour ceux qu'on présente au Seigneur, même dans la plus courte invocation.

Ainsi les cercles du royaume de Dieu s'élargiront de plus en plus, tandis que les cœurs des chrétiens se rapprocheront. Il ne sera plus extraordinaire de parler des œuvres de la charité et de les pratiquer; ce sera chose naturelle inhérente à la vie de chacun; la face du monde changera d'aspect, et bien des misères n'existeront plus.

ACTIVITÉ CHRÉTIENNE

TACHES SÉRIEUSES

Quand, par les petites tâches faciles, nous aurons fait l'apprentissage de la charité, nous serons bientôt envahies par le besoin de nous consacrer tout entières au service du prochain nécessiteux et malheureux.

Passons donc en revue quelques-unes de ces œuvres qui réclament notre temps et toutes nos facultés, quoique la femme véritablement acquise à Jésus, voie bien vite autour d'elle où dépenser son activité chrétienne. L'amour répond à l'amour, et, nous abandonnant à la direction de notre divin Maître, nous trouverons la force de mettre de côté cette fausse honte, cette crainte de la publicité, du «qu'en dira-t-on» des parents et des amis qui entravent tant de femmes et leur font enfouir des dons,

5

des capacités qu'elles pourraient si bien utiliser au service de leur prochain.

Tant qu'un devoir catégorique nous retiendra dans le cercle de notre famille, bornons-nous aux petites tâches, mais dès que nous pourrons librement disposer de notre temps et de notre personne, donnons-nous aux œuvres de Dieu, en nous attachant particulièrement à celle qui répondra le mieux à nos forces physiques et à nos aptitudes en nous souvenant de la parole du poète :

> « Agis, le temps est court, il se hâte et dévore
> « Ce qui n'est pas réel, immortel et divin ! »

LES ENFANTS

Dans la question du paupérisme, c'est un point de grande, de capitale importance. Les philanthropes chrétiens l'ont bien compris, et c'est par eux qu'ils ont commencé. C'est pour eux que saint Vincent de Paul a fondé le premier établissement d'enfants trouvés, Oberlin les salles d'asile du Ban-de-la-Roche, lord Shaftesbury les écoles déguenillées, réalisant ainsi la parole de Jésus : « Laissez venir à moi les petits enfants, et ne les en empêchez pas », et l'ordre donné à son disciple Pierre : « Pais mes agneaux ».

Quoi de plus navrant, dans les quartiers populeux d'une grande ville, et même parfois à la campagne, que cette foule de pauvres petits êtres négligés, abandonnés, traînant dans la boue au réel et au figuré, et destinés, si nous n'y prenons garde, à grossir le nombre déjà si considérable des jeunes vagabonds, à remplir prématurément les prisons, les disciplinaires, les refuges.

La charité chrétienne multiplie à cet effet les crèches, les salles d'asile, les asiles pour petits abandonnés. Quoi qu'on dise, on arrache par ce moyen les enfants à la déchéance, à la ruine morale. On prévient plus d'un accident. Que d'enfants ont été brûlés ou sont restés infirmes toute leur vie par l'imprudence d'autres enfants, à peine plus grands qu'eux-mêmes, et chargés de leur garde. On peut compter en France environ 150 de ces utiles auxiliaires des écoles primaires protestantes, et Paris en compte 15 à 20.

Dans les crèches, dans les salles d'asile, ils sont sous une surveillance intelligente et consciencieuse, ils sont accoutumés à l'ordre et à la propreté. Dès que leur jeune intelligence se développe, on leur enseigne à prier, à croire en un Dieu créateur et rédempteur. On les instruit tout en les amusant par des leçons de choses, des rondes, des chansons.

Une œuvre semblable est faite tout particulièrement pour intéresser des femmes, des mères. Heureuses d'envelopper les êtres chéris qui leur sont confiés, de soins et de tendresse, de les élever pour le bien, elles devraient être saisies d'une immense pitié pour cette multitude de petits malheureux, pauvres innocents destinés souvent à expier des fautes et des vices de leurs parents.

«Prenez les enfants», dit le ministre anglais Pitt aux grands industriels de son pays, qui se plaignaient à lui du préjudice que leur portait l'élévation du salaire des ouvriers. Cette cruelle parole autorisa le travail des enfants dans les manufactures de la Grande-Bretagne, et les livra à la démoralisation.

A nous de la revendiquer, et d'en faire la devise d'une action moralisante et réparatrice.

Prenons les enfants pour les vêtir, les nourrir, les préserver du mal et les mener à Dieu. Nous servirons ainsi l'humanité et notre patrie, en aidant à former une génération consciente de ses devoirs et capable de les remplir. Les jeunes arbres taillés et greffés à temps donnent plus tard de bons fruits et, ayant été soutenus par des tuteurs solides, ils deviennent aussi des arbres vigoureux, qui ne craignent ni le vent, ni la tempête.

Ne reculons donc pas devant cette tutelle que nous pourrons remplir de diverses manières, soit en nous occupant activement de ces crèches, de ces salles d'asile, si elles existent dans notre localité, en en fondant partout où ce bienfait est inconnu; soit en prenant directement sous notre sauvegarde un ou plusieurs enfants. Suivant nos circonstances réciproques, nous les laisserons dans leur milieu, ou bien les placerons dans un des excellents asiles dont il sera parlé plus loin.

Tâchons d'être de bonnes pépiniéristes dans le royaume de Dieu. Confions-nous à Lui; Il nous en donnera la force et les moyens.

ÉCOLES DU DIMANCHE

L'école du dimanche est le culte dominical des jeunes enfants, organisé d'après le système dit « par groupes[1] ».

[1] La première École du dimanche a été fondée en 1814 à Luneray (Seine-Inférieure).

C'est le meilleur incontestablement, car il permet aux monitrices de s'occuper directement de chaque enfant, de se familiariser avec ses aptitudes, son caractère, de prendre une certaine influence sur lui.

Dans les petites localités, en général, le catéchisme est suffisant; mais dans une ville un peu populeuse, l'école du dimanche ou du jeudi est appelée à rendre de grands services, car c'est un excellent moyen d'entrer en relation avec nombre de pauvres familles par leurs enfants, que la monitrice suit chez eux, pour leur aider à apprendre leur petite leçon, s'occuper spécialement d'eux en temps de maladie. Pour l'évangélisation de la France, les écoles du dimanche sont une ressource précieuse, comme le prouvent les beaux résultats obtenus par la mission Mac-All qui en a ouvert dans toutes ses stations.

En général, les moniteurs et monitrices ont chaque semaine une heure d'étude biblique sous la direction du pasteur, ou de quelque autre personne qualifiée.

Leur conduite doit être exemplaire, cela va sans dire, et conforme à leurs enseignements, car parents et enfants les suivent des yeux, surtout dans les petites villes où l'on se connaît mieux.

La Société des écoles du dimanche de France,
33, rue des Saints-Pères à Paris, publie un
journal à l'usage des moniteurs et des monitrices, devant leur servir de guide dans leur
tâche; ce sont *Les Leçons bibliques*, paraissant
chaque mois et contenant une leçon pour chaque
dimanche. Le prix de l'abonnement est de
1 fr. 50 c. par an pour la France, de 2 fr. pour
l'Union postale.

Cette même Société fait paraître également
La Feuille des Écoles du Dimanche destinée aux
enfants des écoles du dimanche (prix de l'abonnement 1 fr. 50 c.; dix abonnements 7 fr. 50 c.),
des images bibliques représentant le sujet de la
leçon avec un verset de la Bible (1 abonnement:
52 images par an 30 c.; on ne peut pas prendre
moins de 5 abonnements); le *Journal des Écoles
du Dimanche*, Revue de pédagogie chrétienne
destinée aux moniteurs des écoles du dimanche
et aux familles. (Prix de l'abonnement 2 fr. 50
par an.

Elle a édité aussi récemment un *Recueil de
cantiques* contenant 150 chants (recueil avec
musique 75 c., 10 exempl. 6 fr.; recueil sans
musique 35 c., 10 exempl. 3 fr.), et publie une
foule de traités et de livres dont la lecture est
aussi bienfaisante qu'attrayante et qu'on ne
saurait assez répandre.

La Société des écoles du dimanche du Gard, à Nimes, fondée vers 1871 par les dissidents et les orthodoxes réformés de la ville, se rattache à la Société de Paris et à la Société des livres religieux de Toulouse.

La Société des écoles du dimanche du canton de Vaud. Agence: Madeleine 1, à Lausanne, publie également un journal mensuel pour les parents et les moniteurs, c'est *l'Éducation chrétienne* (abonn. 2 fr. 50 c. par an pour la Suisse, Union postale, 3 fr.). *Le messager de l'École du Dimanche* est destiné à être distribué aux enfants (48 nos par an, 65 c.; vignettes bibliques pour petits enfants, 48 par an 50 c.).

Le canton de Vaud est remarquable par le grand nombre de ses écoles du dimanche, (350 écoles fréquentées par 19,000 enfants) et peut servir de modèle. C'est qu'aussi il est entièrement protestant.

A Paris et ses environs il existe actuellement 91 écoles du dimanche fréquentées par 7160 enfants, dirigées par 780 moniteurs et monitrices; en France et en Algérie, 1133 écoles réparties dans 83 départements. Il ne reste donc plus que 2 départements où, d'après une statistique récente, il n'existe aucune école du dimanche: la Corse et le Cantal.

C'est un beau résultat, mais il ne faut pas s'en contenter; tout au contraire. La moisson est immense, les ouvriers, les ouvrières manquent. Il faut redoubler d'efforts pour renforcer l'instruction religieuse, écartée de l'école publique, et sans laquelle il n'y a point d'éducation véritable.

ÉCOLES DE COUTURE

Dans différentes villes on a fondé, ces dernières années, des écoles industrielles pour jeunes filles; mais elles sont rares encore, tandis que l'art de manier une aiguille est de la plus haute utilité pour la femme, quelle que soit sa position sociale, et peut devenir un gagne-pain lucratif pour elle.

La couture, le tricot, le crochet font partie, il est vrai, du programme de toutes les écoles publiques ou privées; mais trop peu d'heures y sont consacrées pour que l'élève y acquière une véritable pratique; il faut qu'on l'applique encore en dehors des heures de classe.

Une mère de famille aisée veillera toujours à compléter cet enseignement; mais la femme du peuple, où en prendrait-elle le temps et les moyens? A nous donc de combler cette lacune en fondant et en soutenant des ouvroirs à la ville et à la campagne.

Il y en a de plusieurs catégories: ceux qui s'adressent aux petites filles sont les plus faciles à organiser et n'exigent, en général, pas de grands frais d'installation. On les réunit deux fois par semaine, d'ordinaire, pendant deux heures, et on leur enseigne les éléments de la couture, leur faisant coudre des objets faciles tels que fichus, tabliers, layettes, jupons, pour terminer par une chemise de femme. On tâche de maintenir le silence par une lecture attrayante, et surtout d'inculquer aux petites élèves des habitudes d'ordre, de propreté; il s'agit de gagner leur cœur et d'y semer le bon grain.

Tout récemment, Mme Dalencourt a fondé à Paris et à Boulogne-sur-Seine, une nouvelle variété d'ouvroir qu'elle appelle *«L'École de poupées»*, et qui a eu beaucoup de succès alors que l'ancienne manière ne réussissait guère. Il s'agit de confectionner le trousseau de belles grandes poupées articulées, après avoir préalablement passé par les trois premiers groupes: 1° la couture élémentaire; 2° la marque; 3° le tricot; trousseau que la petite ouvrière doit tailler elle-même, et marquer des initiales du nom qu'elle donnera à sa poupée, car elle l'emportera comme récompense quand tout sera dûment cousu et terminé. L'intérêt des petites élèves est ainsi vivement surexcité, et tout en travaillant, on leur fait réciter une petite leçon biblique, apprise à la maison. Une semblable école a été aussi récemment fondée à Nancy.

Les vraies écoles de couture sont celles qui reçoivent les jeunes filles à partir de 14 ans, et doivent leur servir de véritable apprentissage pour la couture en blanc, soit qu'elles les suivent journellement ou seulement plusieurs fois par semaine. L'organisation en est plus compliquée, car elle demande une directrice attitrée et rétribuée, secondée par un comité de dames inspectrices devant veiller à l'ordre, à la bonne tenue de l'ouvroir, à lui assurer des revenus, car la rétribution payée par les élèves, et le rapport de l'ouvrage sont presque toujours insuffisants.

Durant les heures de travail on fait une bonne lecture, interrompue pour poser des questions, provoquer des réflexions et développer le discernement; on chante des cantiques ou de jolies chansonnettes.

Certains ouvroirs s'attachent spécialement aux raccommodages, à la réparation des vêtements, au talent de transformer le vieux en neuf. Ceux-ci reçoivent avec reconnaissance tous les vêtements hors d'usage dont ils tireront aisément quelque profit.

La couture est la base fondamentale du travail féminin; pourtant, dans ces écoles, on pourra aussi faire une part au tricot et au crochet, qui, moins essentiels, sont très utiles et permettent l'exécution d'un grand nombre de travaux. La machine à tricoter, comme la machine à coudre, a opéré une vraie révolution en ces matières. Le prix en varie de 150 à 400 fr. C'est un travail facile, peu fatigant et lucratif pour une ouvrière habile. Les bas tricotés à la main l'emporteront toujours par l'agrément du porter et la solidité, aussi est-ce un art qu'il ne faut pas laisser perdre.

Une dame bienfaisante, dont l'école de couture a toujours été l'œuvre de prédilection, réunit fort habilement deux enseignements, en faisant à ses élèves un petit cours de tenue de ménage et d'hygiène, les préparant ainsi à être de parfaites mères de famille et à éviter la misère qui n'est souvent, dans un ménage d'ouvrier, que la conséquence du désordre, de la négligence et de l'incurie de la femme.

Nomenclature des principaux ouvroirs de France.

Lyon, rue des Bouquetiers, 2, magasin de vente, écoule les produits de l'œuvre des ouvrières.

Bordeaux; 2 ouvroirs Mac-All, rue Beaufleury et cours Saint-Louis.

Marseille. Œuvre des ouvroirs fondée en 1872, 3 ouvroirs.

Mazères (Ariège), ouvroir pour internes et externes dans l'asile des indigents.

Montpellier. Ouvroir dirigé par les dames de la dissidence réformée.

Livron (Drôme). Ouvroir fondé récemment dans une belle propriété léguée aux diaconesses de Paris par Mme Cauzid.

Clairac — Rochefort — Montauban — Vabre (Tarn) — Sancerre — Toulouse — Montbéliard — Audincourt — Héricourt — Hérimoncourt.

Paris, 15, rue Clairaut, Batignolles.

Ouvroir de Boulogne-sur-Seine.

Ouvroir de Belleville, 32, rue Bolivar, fondé en 1875 par Miss de Broën.

Ouvroir, 201, rue de Vaugirard.

Ouvroirs de la mission Mac-All à Paris. On en compte huit : 86, rue Monge; 56, boulevard Barbès; 11, avenue des Ternes, avenue d'Orléans, etc.

RÉUNIONS BIBLIQUES POUR FEMMES
ET RÉUNIONS DE COUTURE

Il est tout aussi nécessaire, quoique bien plus difficile, d'organiser des ouvroirs pour femmes. On n'avoue pas volontiers, passé un certain âge, qu'on ne sait pas coudre, ou du moins pas suffisamment pour entretenir convenablement le linge et les vêtements, les faire durer le plus longtemps possible.

Pour faciliter les choses, on a, dans certaines localités, fondu la réunion biblique et la leçon de couture. Les femmes réunies, on prononce la prière. La directrice met les ouvrages en train, puis lit un chapitre de la Bible en le commentant simplement, cherchant à toucher le cœur, à éveiller le sentiment religieux.

On peut passer ensuite à une lecture moralisante et instructive, ou provoquer une conversation sur l'hygiène en général, sur la bonne tenue du ménage. On termine par le chant d'un cantique et une prière.

Ce genre de réunions est un excellent point de départ, pour la moralisation de la classe ouvrière, par le développement qu'il prête à d'autres œuvres d'évangélisation et de philanthropie. C'est ainsi qu'à Paris les réunions dirigées par Mme Dalencourt sont organisées de manière que la lecture de la Bible, les exhortations, le chant et la prière alternent avec le fonctionnement d'une caisse d'épargne en vue des loyers, avec la distribution des livres de la bibliothèque et la vente de légumes secs, de pâtes alimentaires et d'étoffes.

Plusieurs réunions analogues ont été fondées en province avec le concours de cette vaillante chrétienne; elle met son expérience au service de toutes celles qui voudront s'employer à cette belle œuvre.

Certains ouvroirs sont spécialement affectés à l'enseignement de la couture aux mères de famille peu expérimentées ou ignorantes. Dans ce cas elles apportent leurs propres effets et les cousent ou les réparent séance tenante. D'autres, au contraire, réunissent des femmes sachant coudre plus ou moins bien, et leur fournissent un gain minime. Les objets confectionnés de cette manière se vendent d'ordinaire pour les pauvres et sont simples comme coupe et comme étoffe, mais solides et d'un bon usage.

Le placement en est parfois difficile, aussi varie-t-on dans la manière de l'obtenir. A l'*Ouvroir hâvrais*, fondé, il y a une quinzaine d'an-

nées par Mme Jules Siegfried, le travail des
femmes est rétribué par 50 c. pour 2 heures et
demie que dure la réunion, et, moyennant cette
somme multipliée, elles peuvent acheter le produit de ce travail à des prix très modiques.

L'*Ouvroir de Lyon* possède un magasin de
vente, rue des Bouquetiers, 1. A Cannes, l'ouvrage est donné à domicile aux femmes rete-
nues chez elles, ou sans occupation. L'écoulement de ces vêtements ayant été souvent em-
barrassant, le Comité du *Bureau du travail*,
après la bonne réussite d'une vente organisée
à cet effet en mars 1887, a résolu d'employer
ce moyen à l'avenir.

La *Société du Vieux* à Lausanne, sous la
direction de Mme Lenoir, reçoit les vêtements
usés et les fait réparer par des femmes pauvres,
pour les vendre ensuite à un prix minime aux
familles indigentes. Yverdon également a sa
Société du Vieux.

Dans les petites localités, il sera très bienfaisant d'aller enseigner la couture de maison
en maison; l'esprit de commérage et d'indiscré-
tion y rendant plus difficile la réunion de
femmes se connaissant trop bien, et dont il faut
ménager la susceptibilité.

L'assistance par le travail étant toujours la meilleure charité, il faudra, dans la mesure du possible, fournir de l'ouvrage à domicile, en temps de chômage ; ou à des femmes que de petits enfants ou des malades retiennent à la maison. [Ce mode de bienfaisance procure du reste souvent double profit.

Nous avons, par exemple, d'une part, une femme malade ; avant peu le désordre s'introduira dans le ménage, tout ira mal pour enfants et mari qui n'auront plus rien à mettre. D'autre part, voici dans le même quartier d'autres femmes, que le manque d'ouvrage porterait à tendre les mains vers n'importe quoi : nous prendrons une de ces mains pour laver le linge, d'autres pour le raccommoder. Dix francs ainsi dépensés rendront absolument les mêmes services matériels qu'en rendraient vingt, si nous en donnions dix à l'ouvrière sans travail et dix à la malade.

Donner de l'argent, purement et simplement est certes plus facile ; mais, tandis que l'aumône banale est démoralisante, nous pouvons, en prenant un peu plus de peine, de temps et d'initiative, diminuer réellement le mal, la misère que nous avons à cœur de soulager.

6

CUISINES POPULAIRES

Passons de la couture à la cuisine, et voyons ce qu'on peut faire pour résoudre un grave problème et améliorer l'alimentation des classes ouvrières.

C'est une question d'économie domestique en même temps que d'économie politique. Il est évident qu'un ménage bien tenu, une famille sainement et rationnellement nourrie monte peu à peu les degrés de l'échelle sociale et est une proie arrachée au fléau du paupérisme. Plus il y aura de ces familles, et plus la prospérité du pays s'augmentera et s'affermira.

Cherchons-en donc la solution, et mettons à la trouver une énergique persévérance.

Il n'est guère possible de fonder des écoles de cuisine et de tenue du ménage accessibles à la mère de famille pauvre. Tout au plus pourrait-on, dans les grands centres populeux, joindre une école de cuisine à une pension pour ouvriers, où deux ou trois femmes employées comme aides pourraient apprendre à préparer un bon repas.

Le sentiment du mal que produit dans un ménage ouvrier l'incapacité de la femme, et le désir d'y remédier, suggérèrent à Mme Doyen l'idée de fonder l'*École ménagère* de Reims, pour enseigner aux jeunes filles pauvres le travail de la maison et les connaissances nécessaires, afin de bien remplir plus tard leur rôle de providence de la maison. Les difficultés furent grandes, la maladie interrompit son œuvre, mais celle-ci fut reprise par la municipalité et l'école rouverte sous la direction de Mlle Clermonté, élève de Mme Doyen.

Dans les localités plus petites, la chose n'est pas faisable en grand, et ce n'est que par l'initiative personnelle de dames charitables qu'on pourra obtenir quelque résultat. Encore faudrait-il que ces personnes dévouées ne se bornassent pas à donner de bons avis, à faciliter l'achat de petites provisions, mais ajoutassent à leurs instructions l'enseignement pratique, en allant au moment opportun chez leur protégée. Il nous en coûtera beaucoup de peine ; mais ne reculons pas, sachant que nous contribuerons ainsi au bonheur domestique d'un ménage. Des repas mal préparés, une chambre mal rangée poussent le jeune chef de famille hors de chez lui, au cabaret, et de mauvaises habitudes, une fois prises, sont bien difficiles à déraciner.

On a établi, en bien des endroits, des cuisines

économiques où les ouvriers de fabrique des deux sexes qui n'ont qu'une heure de répit pour prendre leurs repas reçoivent pour 10, 15 ou 20 centimes une portion de soupe substantielle avec ou sans morceau de viande. Les indigents ont droit à la même portion, moyennant des bons distribués à l'avance.

Souvent aussi les ouvriers peuvent prendre leur repas sur les lieux mêmes, dans une cuisine ou un réfectoire organisé à cet effet, soit pour y préparer, soit pour y réchauffer les aliments qu'ils ont emportés le matin de la maison.

De grands services sont rendus aussi par certaines salles de café charitables où, entre 4 et 5 heures du matin, les ouvriers se rendant au travail trouvent, à un prix très modéré, une tasse de café au lait, comme par les cafés de tempérance, où, contre paiement ou en échange de bons, on reçoit pendant toute la journée un bol de bouillon, de lait ou de café au lait, avec ou sans pain.

A Paris la *Société philanthropique* et plusieurs autres sociétés, telles que la *Marmite des pauvres*, la *Société du sou du bon Dieu*, etc., ont depuis le commencement de ce siècle créé des *Fourneaux économiques* qui alimentent les indi-

gents en échange de bons distribués par des
personnes bienfaisantes. Un certain nombre de
fourneaux sont dûs aussi à l'initiative privée de
dames charitables.

La *Société mulhousienne des cités ouvrières*
a créé un restaurant où les ouvriers peuvent se
procurer une bonne nourriture à bas prix. La
même œuvre se fait à Grenoble, Saint-Quentin
et Troyes par les Sociétés alimentaires.

Dans la Suisse française on s'est beaucoup
occupé ces derniers temps de l'institution de
Cuisines populaires. A la Chaux-de-Fonds, notamment, un de ces établissements fonctionne
admirablement et nourrit quotidiennement 1800
personnes. Certains craignent que cette entreprise, d'ailleurs si belle et si digne d'intérêt,
n'ait un grand défaut : celui de diminuer l'esprit
de famille. Qu'adviendra-t-il du foyer domestique si on l'abandonne pour souper dans le
local des cuisines populaires?

Cette objection provient de ce qu'on connaît
mal les principes qui sont la base même de
cette institution :

«On veut venir surtout en aide à la famille,
mais à la condition précisément qu'elle se nour-
risse chez elle, et l'on a décidé que le prix des
rations à emporter sera plus modique encore

que celui des rations à consommer sur place. Il faut que la famille disséminée pendant les heures de travail se trouve réunie autour du repas du soir, et c'est précisément ce qui arrive partout où fonctionnent les cuisines populaires. Elles seront donc un véritable bienfait pour les ménages laborieux où la femme et le mari rivalisent d'activité. »

CAISSES D'ÉPARGNE

Comment porter l'épargne dans des intérieurs où tout manque? Ne perdons pas courage devant cette nouvelle difficulté et abordons-la en vue du bien de notre prochain.

Démontrons aux ménagères comment elles auraient pu économiser 5 ou 10 centimes sur telle dépense au profit de la caisse d'épargne, cherchons surtout à les persuader des avantages de l'épargne. La classe ouvrière est en général imprévoyante; elle vit trop facilement au jour le jour, et dépense tout son gain sans songer à l'avenir, aux jours mauvais, quitte alors à recourir au mont-de-piété ou à d'autres expédients.

Ce point une fois gagné, servons d'intermé-

diaire à nos protégées, recevons nous-mêmes
leurs petites économies, centime par centime,
pour les transmettre ensuite à la caisse d'épargne
municipale ou leur donner un autre placement.
Engageons-les aussi à faire partie des Sociétés
protestantes de prévoyance et de secours mutuels telles qu'il en existe à Paris, à Bordeaux,
à Lyon, etc.

Les réunions de femmes, nous l'avons déjà
vu, peuvent se prêter à l'organisation d'un service de ce genre. Chaque déposante a une carte
constatant ses dépôts, et la remporte après l'inscription. On donne 5 centimes du franc, c'est-
à-dire 5 p. 100. L'usage abondant que font les
femmes de cette branche de l'œuvre d'évangélisation de Mme Dalencourt en prouve l'opportunité.

Les livrets de *Caisse d'épargne postale*, fournis
par tous les bureaux de poste en France, sont
un puissant encouragement pour l'épargne enfantine. L'enfant possesseur d'un de ces car-
nets délivrés dans certaines écoles, à titre de
récompense, ne dépensera plus en friandises
les quelques sous qu'il peut recevoir par-ci par-
là. Il achètera bien vite un timbre qui, collé
dans son carnet, servira d'inscription, et il prendra
ainsi le goût et l'habitude de l'épargne.

. *La Fourmi*, société en participation d'épargne,

fondée le 1er novembre 1879 (siège social, 3,
rue d'Aboukir, à Paris), rend aussi de grands
services pour le placement de petites épargnes,
auxquelles elle assure une grande sécurité et
de nombreux avantages. En effet, par une cotisation mensuelle de 3 fr. on devient membre
de cette société, dont le but est d'acquérir, par
séries d'une durée de dix ans, des obligations
françaises à lots dont le capital et les intérêts
seront partagés lors de la liquidation, ainsi que
les lots, s'il y a lieu, entre les membres de
chaque série. Les sociétaires de province peuvent faire verser par un tiers ou envoyer leurs
cotisations par mandat postal. Dans les villes
où *La Fourmi* a des correspondants, ces derniers reçoivent sans frais les souscriptions et
les cotisations mensuelles.

No nous lassons donc pas de stimuler la classe
ouvrière à l'épargne. De pauvres cœurs aigris
comprendront insensiblement qu'elle est la première et la plus sûre source de l'aisance et de
la richesse, ouverte à tous, dans une certaine
mesure. Éveillons aussi dans le peuple le goût,
le besoin de la propriété.

Augmenter le nombre des propriétaires, c'est
diminuer celui des mécontents, des socialistes;
l'achat d'un lopin de terre, d'une petite mai-

sonnette, voilà le placement par excellence de l'épargne, ainsi que l'a démontré avec succès, par la création des cités ouvrières, Jean Doll-fus, le philanthrope alsacien bien connu.

BIBLIOTHÈQUES POPULAIRES

Si une nourriture saine et fortifiante est nécessaire au corps humain pour l'entretenir en état de santé, elle l'est encore mille fois plus pour son esprit, et ce n'est pas en vain qu'on a poussé un cri d'alarme et fondé une ligue contre la mauvaise littérature immorale, en face du péril qui menace la société. C'est un fléau plus redoutable que la peste ou la famine, ces mauvais livres qui s'appellent «légion», et qui corrompent, empoisonnent l'esprit et le cœur de leurs lecteurs!

Plus que jamais il nous faut donc songer à répandre et à faciliter autour de nous les bonnes et saines lectures qui, Dieu merci, ne manquent pas, en dépit de la pénurie relative de notre littérature protestante populaire. Nous possédons nombre de volumes charmants dûs à des plumes féminines et signés Bersier, de Pressensé, de Gasparin, de Witt née Guizot,

W. Monod, Hollard, Tabarié, Couriard, etc. Les Sociétés des traités religieux de Paris et de Lausanne, la Société des livres religieux de Toulouse nous donnent toute facilité par leurs catalogues, de faire un choix excellent comme fond et avantageux comme prix, puisque toute demande de 12 volumes donne droit à une remise de 20 p. 100 sur un prix déjà réduit en faveur des bibliothèques scolaires et populaires.

La Société pour l'encouragement de l'œuvre des bibliothèques populaires, à Genève, a fondé un journal bibliographique, *La Lecture*, revue mensuelle des livres nouveaux, articles généraux, comptes rendus, notes, renseignements. La rédaction en est confiée à Mme Ed. Humbert, 8, rue Eynard, Genève (abonnement annuel pour la Suisse 3 fr. 50 c., Union postale 4 fr.).

Ce bulletin a sa place marquée dans les institutions et les familles où l'on tient à se prémunir contre la littérature réaliste et licencieuse, à être dirigé dans le choix de ses lectures et à faire connaissance avec les bonnes publications nouvelles, et rend de grands services aux personnes s'occupant de bibliothèques presbytérales, circulantes et populaires.

Ce n'est certes pas une sinécure que cette entreprise. Il faut acheter et rassembler des livres, les classer, les distribuer, les faire rentrer, et pour cela se trouver à des heures fixes à la disposition des lecteurs. Quand faire se peut, il vaut mieux exiger une minime rétribution pour le prêt des livres, et cette petite contribution permettra d'en augmenter annuellement le nombre.

L'œuvre individuelle de M. le pasteur Jaulmes-Calamo, à Aubonne (canton de Vaud), peut rendre de grands services en cette occurrence, car elle a pour but de servir d'intermédiaire bénévole entre les directeurs et les fondateurs de bibliothèques et les sociétés de publication ou les éditeurs, pour faire bénéficier les bibliothèques populaires des remises importantes qui leur sont offertes.

Les commandes particulières sont centralisées par l'intermédiaire, qui adresse une demande générale à chaque société, à chaque éditeur désigné. A la réception des livres, il se charge de répartir et d'expédier franco les commandes particulières, moyennant 10 p. 100 de commission destinés à couvrir les frais de l'entreprise. En août, divers catalogues sont à la disposition de ceux qui les demandent, et les listes de livres demandés doivent parvenir à M. Jaulmes avant le 15 septembre.

A la direction du journal *La Lecture* on peut aussi se procurer un *catalogue-type* d'une bonne bibliothèque.

Sans ouvrir précisément une bibliothèque, on peut encore, d'une façon plus modeste, répandre de bonnes lectures en prêtant des livres autour de soi; et si l'on habite la campagne, réunir des voisins pendant les longues soirées d'hiver et leur faire une lecture bienfaisante et instructive.

Enfin, pour augmenter le nombre de ces livres de choix, capables de développer les qualités du cœur et les aspirations religieuses de l'âme, toutes celles d'entre nous, qui en ont reçu le don devraient chercher à le faire valoir et s'enrôler, au service de la bonne presse, en écrivant dans les journaux ou en publiant des ouvrages faits pour ramener au beau, au vrai, au bien.

LA DIACONIE

La vocation de diaconesse est la réalisation la plus élevée, la plus complète de la charité et du dévouement féminins. Elle résume et embrasse tous les genres d'activité et de bienfai-

sance chrétiennes que nous venons de considérer.

Toute femme, dans une certaine mesure, est
appelée au service de diaconesse, parmi les
siens, dans son cercle de famille et d'amis; mais
toutes ne sont pas indispensables dans la maison
paternelle, ou destinées au mariage. Ces dernières devraient passer un scrupuleux examen
de conscience, et se demander si Dieu ne les
appelle pas à se consacrer à son service. Partout, dans toutes les carrières ouvertes aux
femmes, il y a encombrement; seules, les maisons de diaconesses manquent de volontaires, et
leurs appels pressants restent le plus souvent
sans écho.

On ne saurait pourtant embrasser cette vocation sans être pleinement assuré du salut par
Christ, et animé pour Lui d'une vivante reconnaissance, source du dévouement et du renoncement nécessaires pour remplir parfaitement
les devoirs imposés à une diaconesse.

Ces devoirs sont souvent repoussants et fati-
gants; mais ce ne sont pas eux qui constituent
les principales difficultés de ce genre de vie,
mais bien plutôt la grande diversité d'éduca-
tions et de caractères qui se trouvent ainsi réunis;
les rapports avec les médecins, les diverses admi-

nistrations, les malades, les pauvres, les domestiques. Il en résulte parfois des conflits, des an-
tagonismes en face desquels la diaconesse doit
user d'un tact et d'une charité infinis, tout
aussi nécessaires, du reste, vis-à-vis des con-
trariétés du monde.

La vie d'hôpital, avec ses fatigues, ses joies,
ses terreurs, ses angoisses, ses scènes risibles
ou touchantes, est ce qu'une femme sérieuse peut
souhaiter de plus beau au monde. *Elle sert*; elle
rend les services les plus humbles aux êtres les
plus hideux, les plus dégradés, mais elle les
couvre de son amour maternel en la charité, et
dépense pour eux, au nom de Dieu, les plus
belles facultés de son âme! Que de bien à faire
dans une seule salle! Que de soulagements physiques et moraux à procurer! C'est indescriptible!

Il faut écarter de l'institution des diaconesses
toute comparaison d'association monastique et
les préventions qui s'y rapportent. Bien qu'il y
ait communauté de vie et de costume, chaque
diaconesse garde sa liberté individuelle, l'indépendance de sa fortune, le droit de se marier.
Chaque année, elle peut passer quinze jours à
trois semaines dans sa famille ; toutefois elle ne
saurait quitter son poste à tout propos, pour une
fête de famille ou une raison secondaire. Quand

ses parents sont malades, elle va les soigner de
droit; pour d'autres membres de sa famille, il
faut que des considérations particulières lui en
fassent un devoir absolu et que sa tâche de
sœur diaconesse, tâche souvent très importante,
le lui permette.

En se présentant comme novice, on produira
un acte de naissance, un acte de baptême, un
certificat de vaccination, un certificat de bonne
santé et le consentement légal, par écrit, des
parents ou des tuteurs. La limite d'âge est de
20 à 40 ans.

Le noviciat dure de deux à trois ans, durant
lesquels la novice s'habille à ses frais. Toutefois, pour les personnes peu fortunées, les maisons-mères font de fréquentes exceptions.

A son admission définitive, la diaconesse fait
vœu *d'obéissance, de fidélité, de bonne volonté.*
Cette promesse pourtant n'a trait qu'aux devoirs
de son poste, aux règlements de la maison, et
n'aliène en rien sa liberté morale individuelle.
Une diaconesse cependant, gardera toujours la
réserve sur la tendance de ses opinions, et ne
les imposera à personne.

La correspondance est libre, et soumise seulement aux convenances que respecte toute
femme bien élevée.

Aucune rétribution n'est payée à la diaconesse; la maison-mère pourvoit à ses besoins matériels, tout en lui fournissant un petit argent de poche destiné à certaines menues dépenses et qui varie de 20 à 200 fr. par an suivant les circonstances et la manière de voir des différentes maisons.

Elle n'accepte pas davantage de cadeau de ses malades ou de leurs proches, et laisse au comité de sa maison le soin de débattre les questions pécuniaires avec les familles et les administrations des hôpitaux où elle est employée.

En temps de maladie ou de vieillesse, les maisons de diaconesses recueillent leurs sœurs et leur offrent une généreuse retraite.

Puisse-t-il, parmi les femmes qui liront ces lignes, s'en trouver quelques-unes aimant assez leur Sauveur, pour se consacrer à Lui tout entières et se faire servantes des pauvres en Son Nom!

UNIONS ET ASSOCIATIONS
DE FEMMES

Les unions et associations assurent la fécon-
dité de la charité privée; elles en multiplient
l'action, la puissance, les résultats, en facilitent
et en perfectionnent la réalisation. Elles en ont
toujours constitué la base, suivant la belle parole
du vicomte de Melun : «La charité n'est-elle
pas l'association de l'âme avec Dieu, pour faire
du bien aux hommes?»

Le mal et la misère, l'un engendrant l'autre,
ont tellement pris possession de ce pauvre
monde, qu'isolées, disséminées, les femmes de
bien verraient tout leur dévouement impuissant
contre le flot montant qui menace de tout engloutir.

Plus que jamais, il est urgent de concentrer,
d'unir dans une action commune, les bonnes
volontés, les lumières, les efforts pour augmenter et répandre par toute la France, les unions,
les associations charitables, hospitalières et mo-
ralisatrices, afin qu'elles deviennent comme les

7

citadelles de la charité fondées sur Celui qui en
sera la force première, car il a dit : « Là où
deux ou trois s'assemblent en mon nom, je serai
au milieu d'eux. »

SOCIÉTÉS DE PATRONAGE

La Société de patronage est la meilleure
forme de l'assistance collective privée ; elle est
susceptible d'une extension indéfinie et permet
de réunir, de lier entre elles tout un cycle
d'œuvres de bienfaisance qui, n'ayant qu'une
seule et même impulsion, fonctionneront plus
parfaitement, plus harmonieusement.

Il en est ainsi à Mulhouse, où ces sociétés
(dont la première, due à l'initiative d'une dame
charitable, a été fondée en 1852) rendent de
grands services et contribuent pour une bonne
part à diminuer la misère et la pauvreté d'une
grande population ouvrière.

La ville est divisée en huit quartiers, dont
chacun possède sa société de patronage, com-
posée d'un président, d'un secrétaire, d'un tré-
sorier, d'un médecin et d'un nombre plus ou
moins considérable de dames patronesses. Chaque
patronage a son local, où réside une sœur diaconesse de Strasbourg, assistée d'une servante

et chargée de visiter les malades à domicile, de faire la distribution des secours votés par le comité, de seconder le médecin pendant les consultations qu'il donne deux ou trois fois par semaine. On le voit, c'est en même temps un dispensaire, car la sœur délivre gratuitement une partie des remèdes prescrits, et pour assurer aux malades la nourriture nécessaire à leur prompt rétablissement, fait d'octobre en mai une distribution journalière de soupe et de viande.

Le patronage proprement dit s'exerce ainsi : chaque dame patronesse se charge d'une ou de plusieurs familles nécessiteuses, qu'elle visite, qu'elle secourt, et qu'elle cherche à relever matériellement et moralement.

Le comité se réunit une fois par mois; on se communique les mutuelles expériences, et, sur la proposition du président, on vote des secours de toute catégorie, en nature ou en argent, pour payer des loyers arriérés, la pension de quelque enfant infirme, l'apprentissage de tel autre, un appareil nécessaire à quelque pauvre malade, etc., etc. Il alimente ses ressources par une quête annuelle, et par des dons spontanés et généreux.

Certains patronages organisent aussi des ou-

vloirs de femmes ou de petites filles, ou donnent
du travail à domicile.

A Lausanne, l'*Association des amies des pauvres*, fondée en 1872, a pour but de lutter
contre la mendicité par les moyens suivants :
1° refuser l'aumône à la porte; 2° visiter les
indigents à domicile. Les pauvres dignes d'être
secourus sont patronnés par les dames visiteuses
qui cherchent à améliorer leur situation, à leur
procurer de l'ouvrage, à encourager les enfants
à la fréquentation des écoles du dimanche.

De cette œuvre dépendent : un bureau de
renseignements ouvert trois fois par semaine et
un ouvroir pour faire travailler les mendiantes.
La ville est répartie en dix divisions, ayant
chacune une dame directrice à sa tête.

Semblable de nom, la *Société des amies des
pauvres* (rue Borniol, 24), de Cannes, fondée en
1874 dans le but de découvrir les indigents et
de faire connaître ceux qui exploitent les étrangers, a pour règle absolue de ne pas faire de
dons en argent. Elle a ses commerçants attitrés
auxquels elle adresse le pauvre à secourir. Le
Comité, dont la présidente est Mme Grosjean-
Siegfried (Villa Philip, route de Fréjus) s'est
adjoint une dame visiteuse, spécialement char-

géo de visiter à domicile les familles pauvres et les malades. De cette société dépendent le bureau de travail dont nous avons déjà parlé et un ouvroir de jeunes filles.

L'ancienne *Société des amies des pauvres* de Bordeaux a pris le nom de *Société protestante de prêts gratuits*. Elle va aux familles honnêtes atteintes par l'adversité, s'efforçant d'arriver la veille de la misère, leur tend la main, cherche avec elles la meilleure voie de relèvement, et pour leur permettre de s'y engager, leur ouvre sa caisse. Elles y puisent sans honte et sans crainte, car elles savent que c'est un prêt qu'on leur offre et non pas un don. Leur liberté et leur dignité ne sont pas atteintes. Les remboursements sont fréquents; pendant l'exercice 1887-1888 ils ont suffi à assurer le service des prêts.

Dans d'autres villes, les sociétés de patronage limitent davantage leur action à un but défini, s'occupent spécialement des apprentis, jeunes filles ou jeunes garçons ou des vieillards. A Genève, par exemple, existe une *Société d'aumônes* dont le but est : 1° de fournir, à des personnes peu ou point assistées, des secours pour subvenir aux besoins de première nécessité; 2° de contribuer à l'entretien et à l'éducation de quelques enfants pauvres et abandonnés.

A Lyon, la *Société de patronage pour jeunes filles*, (Mlle S. Zindel, agent de la Société), poursuit une œuvre de protection et de moralisation. A peu près analogue est la *Société de jeunes orphelines*, fondée en 1817, dont le Comité se compose uniquement de jeunes filles. Un *Bureau de dames* seconde l'action des cinq diaconats dépendant de l'Église, et de nombreuses sociétés de travail fournissent au vestiaire un contingent aussi apprécié qu'indispensable.

A Paris, les soins donnés aux malades à domicile sont organisés en partie par l'*Œuvre des diaconesses de paroisse*, 7, rue Bridaine, où ont lieu, le lundi et le jeudi, à 2 heures, des consultations gratuites.

La *Réunion protestante de charité*, 20, rue de Vienne, a ses dames visiteuses des pauvres répandues dans tous les arrondissements, pour la répartition de secours en nature principalement, et est à la tête d'une école et d'un pensionnat protestants de jeunes filles, 31, rue Piat à Belleville, et d'une école et d'un pensionnat de garçons 17, rue Lenoir, complétant son patronage.

Les protestants indigents de Paris sont soutenus par les diaconats des principales églises, mais les dames protestantes ont formé de nombreuses sociétés de patronage, différentes d'or-

ganisation, mais semblables comme but. Telles
sont :

La *Société des demoiselles protestantes*, 19, rue
de la Pépinière, dont la fondation remonte à
1825, qui fait répartition des 40,000 fr. de son
budget entre ceux qui reçoivent des secours à
domicile, visitent son ouvroir, ou sont logés par
elle dans les maisons qu'elle possède rue de
Reuilly, rue Tournefort et rue Lauriston.

Le *Comité des dames de l'Étoile*, avenue de la
Grande-Armée, 54, visite les pauvres à domicile et s'occupe de favoriser l'enseignement professionnel de la jeunesse.

L'*Œuvre des familles ou des dizaines* réunit
ses membres par dix personnes, s'imposant une
cotisation mensuelle d'un franc ordinairement,
pour s'occuper en commun d'une famille tombée
dans la misère.

La *Ruche*, 62, rue d'Hauteville, dont la fondation remonte à 1830, s'occupe particulièrement de l'achat et de la confection de vêtements
pour les enfants pauvres et a un grand magasin
au siège de la Société.

L'*Association évangélique pour le patronage
des enfants indigents de la circonscription de
Montbéliard*, fondée en 1849, place des enfants

délaissés, orphelins ou non, dans des familles honorables, sous la surveillance du Comité. On dit ce système d'éducation supérieur à celui des orphelinats, et en tout cas plus économique. Cette Société a plusieurs comités sectionnaires ailleurs.

Les *Sociétés de Maternité* ont leur place toute indiquée à côté des patronages avec lesquels elles fonctionnent souvent parallèlement. Il en est ainsi à Mulhouse, où la *Société de Maternité* agit avec le concours des sœurs de quartier, chez qui se font inscrire les femmes attendant leur deuxième enfant, condition absolue pour être secourue. La Société paie la sage-femme, fournit une layette, un drap de lit, une casaque, au besoin un berceau. La sœur donne le bouillon et de la viande pendant une quinzaine de jours. Les dames sociétaires visitent les pauvres accouchées, leur viennent en aide de toutes manières et fournissent de bon lait au bébé, quand la mère ne peut le nourrir, et, en cas de besoin, une garde ou une laveuse.

La *Société maternelle de Charleville*, par contre, agit entièrement par elle-même; en sont membres les personnes qui souscrivent pour une cotisation annuelle de 6 fr. Elle est administrée par un conseil composé de neuf dames : la présidente, la vice-présidente, la trésorière, la secrétaire, la dépositaire et quatre dames administrantes. Ces dernières reçoivent les demandes de secours, et les dames visitantes s'assurent de la situation et des besoins de la réclamante et vérifient l'emploi des secours accordés par la Société.

Ces secours donnés seulement aux femmes ayant deux enfants au-dessous de treize ans comprennent : les soins d'une sage-femme et d'un médecin au besoin, une layette et, s'il y a lieu, un berceau, une paire de draps, 2 kilos de viande, un secours en chauffage, houille et coke.

A Lyon, les femmes en couche sont assistées par les deux *Sociétés mixtes, maternelle et protectrice de l'enfance,* secondées par l'*Œuvre des layettes.*

A Nîmes, la *Société des layettes* et la *Société des femmes en couche* rendent les mêmes services.

CRÈCHES

Les crèches pour petits enfants que possèdent la plupart des grandes villes, répondent à un besoin réel et rendent à la classe ouvrière des services signalés, en recueillant les enfants d'un

mois à deux ou trois ans, pendant que leurs
mères sont à l'ouvrage.

En général, ils sont nourris et gardés pour
la somme modique de 25 à 30 c. par jour.

Une des crèches de Genève étend même plus
loin son action bienfaisante. Depuis l'année
1887 elle admet les enfants de 4 à 13 ans,
à l'heure où ils sortent de l'école primaire,
lorsque leurs parents ne peuvent les garder
eux-mêmes. C'est un essai bien intéressant de
classes gardiennes, et un moyen de préserver
l'enfance de bien des mauvais contacts et de
mauvaises influences.

On a pu voir dans la section d'Économie
politique à l'Exposition de 1889 le modèle en
relief d'une crèche de 25 enfants représentant
comme installation une dépense de 40,000 fr.,
et semblable aux 42 crèches parisiennes, qui
donnent à mille mères par jour la faculté de
travailler. La crèche ne demande à celles-ci
que 0,20 c. par jour pour la garde. Or la dépense pour chaque enfant étant de 1 fr. par
jour, c'est 80 centimes que doit fournir la
charité publique.

DISPENSAIRES

Cette œuvre si utile a été créée en France, par M. le Dr Gibert, du Hâvre, qui y a fondé depuis 1876, un dispensaire d'enfants. Un second de ces établissements fut inauguré en 1884, à Graville, grâce à l'initiative de Mme Auguste Dollfus.

Le Dispensaire Heine-Furtado à Paris, le Dispensaire Engel-Dollfus à Mulhouse ont été inspirés par les premiers. Celui-ci, comme les précédents, est consacré aux enfants spécialement, qui y reçoivent des consultations gratuites et peuvent y suivre des traitements balnéaires, hydrothérapiques et orthopédiques dont l'efficacité est doublée par un repas fortifiant.

Nous avons toutefois classé les dispensaires parmi les œuvres d'association, puisque la plupart de ceux qui fonctionnent se rattachent à une société quelconque de bienfaisance, quand ce n'est pas à une paroisse.

A Genève, la *Société des dames du dispensaire* fut fondée en 1824 et voici les principaux traits de son organisation :

1° Les dames du dispensaire peuvent assister tous les malades de la ville d'après une recommandation du médecin, du pasteur, ou de toute autre personne digne de confiance.

2° La règle est de ne jamais donner de secours en argent; les dames doivent payer les dépenses elles-mêmes.

Les secours consistent, selon les cas, en bons de viande, paquets d'épicerie, etc., et dans le prêt de linge, d'objets de literie ou de meubles à l'usage des malades. On fournit aussi des gardes-malades et quelquefois des femmes de ménage.

La durée de l'assistance varie suivant les cas; elle est au minimum d'un mois et se prolonge parfois jusqu'à la complète guérison du malade dont on hâte la convalescence en l'envoyant à la campagne ou dans des asiles spéciaux.

Cette Société de dames est, en somme, la branche auxiliaire du Dispensaire médical fondé par les médecins de Genève et qui fournit aux pauvres des consultations médicales, des remèdes et une sage-femme en cas de couches. On est admis aux consultations trois fois par semaine moyennant des cartes que les femmes charitables achètent à 5 fr. les dix cartes et remettent aux indigents.

Un dispensaire pour les maladies de l'enfance

vient de s'ouvrir cette année même, 22, rue
des Pâquis, à Genève, sous la direction du
Dr Thomas, avec consultations gratuites trois
fois par semaine.

La *Société philanthropique* de Paris a inauguré
son onzième dispensaire, et la capitale en possède une infinité d'autres de fondations diverses.

Le Hâvre possède deux grands dispensaires,
dûs à l'initiative du Dr Gibert.

A Lyon, des consultations gratuites sont données à l'*Infirmerie* de la rue Pierre Dupont, 2;
on pourvoit, en outre, au soin des malades à
domicile par les cartes du dispensaire.

Les soins et les remèdes délivrés par les dispensaires, n'auront toute leur efficacité que
secondés par une nourriture convenable, légère
et fortifiante et une sollicitude qui suivra le
malade chez lui, pour y veiller à l'ordre, à la
propreté, à la minutieuse observation des pres-
criptions médicales. Les femmes de bonne
volonté trouveront là un vaste champ d'activité.

Nous leur rappellerons, à cette occasion, que
les maisons de diaconesses ne pouvant suffire à
tous les appels qui leur sont adressés pour le
soin des malades à domicile, offrent toutes facilités d'acquérir les connaissances nécessaires
aux personnes voulant y faire un stage de trois

à six mois et même d'une année. Il faut se con-
former aux règlements de ces maisons, porter
un certain costume. On paye 100 fr. par tri-
mestre; encore cette somme est-elle facultative
et se décide-t-elle à l'amiable entre les parties
contractantes.

Les maisons de convalescence enfin achèvent
l'œuvre commencée par les dispensaires, mais
sont encore trop rares. Dans celle de Passy
sont admises les femmes protestantes sortant des
hôpitaux de Paris. La maison de convalescence
de Mulhouse, fondée par la maison Dollfus-
Mieg, n'admet que pendant la journée les convalescents hommes et femmes, en leur offrant
une bonne nourriture, une cure de lait, des
salles bien aérées et un jardin où ils peuvent se
distraire par la lecture et des jeux.

A Genève, on a beaucoup fait sous ce rapport; il y a les châlets de Miolan, où M. et
Mme Butini reçoivent des jeunes filles et des
jeunes garçons convalescents; l'établissement
de Colovrex, fondé en 1857 par Mme Eynard-
Lullin pour les convalescentes adultes et les
jeunes filles, l'Enfantine du Bouchet, fondée
par Mme A. Cayla où sont admis même des
bébés, etc.

Un hygiéniste estimé, le Dr P. L. Durant,

dans une brochure intitulée *Les convalescents et les moyens de leur être utile*, fait ressortir l'importance de ce genre d'assistance, car si les convalescents retombent malades, faute de soins appropriés à leur état, leur carrière peut être définitivement brisée ; les dépenses qui incomberaient alors à la charité, seraient bien autrement considérables que celles exigées par une période de convalescence.

En toutes choses, mieux vaut prévenir le mal, physique ou moral, que d'avoir à le guérir. Aussi les *Colonies de vacances* pour enfants faibles et maladifs dont l'impulsion est partie de la Suisse française, de Neuchâtel notamment, ont-elles trouvé rapidement de fervents partisans qui, dans plusieurs grandes villes, mettent un zèle et une ardeur des plus louables à donner aux enfants du peuple la santé, le plus grand des biens.

UNION FRANÇAISE POUR LA DÉFENSE ET LA TUTELLE DE L'ENFANCE

L'hiver dernier est morte une femme distinguée, dont la vie a été consacrée tout entière aux œuvres de bienfaisance et d'éducation.

C'est elle, Mme Caroline de Barrau, qui, devenue directrice de l'œuvre des libérées de Saint-Lazare, lui donna, avec l'aide de Mme Bogelot, un nouvel et plus large essor. Sa dernière fondation, secondée par Mme Pauline Kergomard, est cette belle œuvre de sauvetage, créée en 1887, pour la défense et la tutelle de l'enfance abandonnée, délaissée et maltraitée.

Cette association nouvelle doit être comme une espèce de ligue pour la défense des droits de l'enfant, et a mission de seconder toutes les œuvres de patronage, de protection et de secours aux enfants abandonnés ou maltraités, soit physiquement, soit moralement.

Elle fait appel à la conscience de chacun, non pas seulement à la charité, à la compassion, car c'est le devoir de chaque membre de la Société de protéger les enfants destitués des secours naturels de la famille.

Ce sera le meilleur moyen de faire voter les lois protectrices de l'enfance, en préparation depuis plusieurs législatures, et auxquelles, une fois promulguées, il faudra un concours persévérant de bonnes volontés, afin qu'elles ne restent pas lettre morte.

L'Union française, d'après son programme,

offrira à toutes les œuvres d'assistance publique et privée s'occupant de l'enfance malheureuse, les moyens de publicité et d'information propres à faciliter la tâche de chacune d'elles, en lui faisant atteindre plus sûrement la catégorie d'enfants qu'elle a pour objet de secourir.

Elle recherchera, signalera à qui de droit, protégera et accueillera les enfants en danger physique ou moral, et les placera selon ses ressources, soit chez des particuliers, soit dans les établissements créés pour recevoir l'enfance délaissée, soit dans les établissements analogues qu'elle pourrait fonder.

Ainsi seront associés, sans distinction d'opinion politique, philosophique ou religieuse tous ceux qui ont à cœur de contribuer personnellement au salut des enfants que le vice menace.

Le siège provisoire de l'Union est au Musée pédagogique, 41, rue Gay-Lussac.

Pour être membre de l'association, il faut:

1º Être présenté par deux membres de l'association;

2º Être agréé par le conseil d'administration.

Les membres sont titulaires, fondateurs ou bienfaiteurs.

Ils ont seuls entrée avec voix délibérative aux assemblées générales.

8

Pour être membre titulaire, il faut payer une cotisation annuelle dont le minimum est de 12 fr. Cette cotisation sera réduite à 5 fr. pour les instituteurs et institutrices publics de tout ordre.

Pour être membre fondateur, il faut payer une somme de 200 fr., une fois donnée.

Le titre de bienfaiteur est conféré par le conseil d'administration aux membres qui ont versé une somme importante ou rendu des services signalés.

Tout souscripteur d'une somme minima de 5 fr. a le titre d'adhérent.

Toute adhésion doit être adressée au directeur du Musée pédagogique.

UNIONS CHRÉTIENNES DE JEUNES FILLES

Ce n'est pas sans raison qu'un homme de bien, le vicomte de Melun, se demandait avec effroi : «Que deviennent les jeunes filles au lendemain de leur première communion, sans guide, sans expérience, au contact impur des manufactures ou des ateliers où elles font l'apprentissage du vice, en faisant celui de leur profession?»

Cette question angoissante, il y répondit en fondant les patronages de jeunes filles, dont la principale mission est de suivre celles-ci le dimanche, de leur procurer un lieu de réunion agréable et des distractions honnêtes.

Les Unions chrétiennes de jeunes filles ont le même but quoique étant d'origines diverses. Les unes doivent leur fondation à une femme de pasteur, d'autres à la mission Mac-All, d'autres encore à l'Union des amies de la jeune fille.

Après une semaine de travail, de dur labeur souvent, il faut aux jeunes filles une détente, un peu de joie, de rafraîchissement. N'en trouvent-elles pas de saines à leur portée, de ces distractions bienfaisantes, salutaires à l'âme, elles cherchent d'autres plaisirs et bien vite est étouffée la bonne semence déposée pendant l'instruction religieuse. Elles sont entraînées au mal, souvent hélas! à la perdition.

Il est donc nécessaire de multiplier, autant que possible, les Unions chrétiennes de jeunes filles, et de mettre beaucoup de zèle et d'entrain à leur faire passer quelques heures agréables par le chant, la lecture, des jeux innocents, une conversation utile, la prière.

Elles trouveront peut-être ainsi le fil d'Ariane capable de les conduire saines et sauves hors

du labyrinthe des tentations où elles pourraient se perdre autrement.

Cette mission de conductrices, de monitrices
de leurs jeunes sœurs, regarde tout spécialement
les vieilles filles qui devraient particulièrement
la prendre à cœur.

En France, malgré le développement acquis
ces dernières années par les Unions chrétiennes
de jeunes filles, ce que l'on a fait n'est qu'un
bien petit commencement en comparaison de
cette œuvre telle qu'elle existe en Angleterre.
De l'autre côté de la Manche, la *Young Women
Christian Association* est une vraie puissance,
que le nombre considérable de ses membres et
la générosité de ses protectrices recrutées jusque
dans la famille royale et dans la haute aristo-
cratie, a permis de doter, non seulement de
belles salles de réunion, avec bibliothèque et
salles de correspondance et de lecture, mais de
homes, de maisons de convalescence et d'instituts
dans les principales villes.

Ces instituts sont une création bien intéressante et bien utile. Le rez-de-chaussée est
généralement occupé par un restaurant pour
dames seules, se distinguant par une excessive
modicité de prix, pour les membres de l'Union
particulièrement. Le premier étage appartient

aux salles de lecture et de réunion où ont lieu des cours et des conférences de tout genre, plusieurs fois par semaine. Le reste de la maison est partagé en gentilles chambrettes destinées à des pensionnaires, en général institutrices ou demoiselles de magasin.

C'est la maison hospitalière par excellence, et nous souhaitons que l'avenir nous réserve la joie d'en posséder aussi dans notre pays.

L'Union chrétienne de jeunes filles de Genève nous semble l'une des mieux organisées à notre connaissance.

Fondée le 18 décembre 1875, elle comptait en 1887 une soixantaine de membres actifs payant 2 fr. par an et des amies visitantes au nombre de 400. Ces dernières fréquentent l'Union sans en supporter les charges, et se composent surtout d'ouvrières, de demoiselles de magasin, en faveur desquelles l'Union organise des leçons diverses dans la semaine, des études bibliques et des exercices de chant le dimanche. Il y a une bibliothèque. Cette Société, dirigée par un comité de 12 dames et demoiselles, a son siège Puits de Saint-Pierre, 2.

A Paris, on a récemment créé des Unions cadettes, recevant des jeunes filles avant leur confirmation, dirigées principalement par leurs

aînées des vieilles Unions et destinées à unir la
jeunesse chrétienne de différents âges. Ces
fillettes prennent ainsi de bonne heure l'habitude d'un bon emploi du dimanche, et leur
réunion facilite le recrutement des membres de
l'Union.

Moins avancées que les Unions de jeunes
gens qui possèdent un journal spécial, *L'Espérance*, les Unions de jeunes filles n'ont pas
encore leur organe. C'est un desideratum à
ajouter à tant d'autres.

UNION INTERNATIONALE
DES AMIES DE LA JEUNE FILLE

« L'Union internationale des amies de la jeune
fille a pour but de former un réseau de protection autour de toute jeune fille, appelée à quitter
la maison paternelle pour chercher ailleurs son
gagne-pain, et de toute jeune fille isolée ou mal
entourée, quelles que puissent être sa nationalité,
sa religion, ses occupations.

Elle admet dans son sein toute femme ayant
à cœur le bien moral des jeunes filles, et comprenant l'importance de la protection offerte.

Chaque pays a son autonomie, mais doit

tendre à provoquer partout la formation de
comités locaux et la création d'œuvres spéciales pour la protection des jeunes filles. » (Constitution rédigée à Lausanne en 1886.)

C'est à Genève, en septembre 1877, à la
suite des réunions de Mme Butler en faveur du
relèvement moral, que s'est fondée cette Union
appelée à une action préventive, individuelle et
collective, aussi bienfaisante qu'indispensable
pour prévenir et diminuer les maux amenés par
l'expatriation des jeunes filles à l'étranger, et
les dangers qui les y attendent, comme dans
les grandes villes où leur isolement les expose
aux plus redoutables tentations.

Madame Aimé Humbert, de Neuchâtel, et
Mlle Betsy Collérier, de Genève, furent les plus
actives fondatrices de l'Union. Mme Humbert fut
immédiatement nommée présidente et consacra
désormais toutes ses forces, toute sa remarquable et intelligente activité à l'organisation
de l'œuvre, qui l'a perdue, hélas! au printemps
de l'année 1888[1] et qui lui doit ses principales
institutions de la Suisse française: les types des
maisons de secours, des bureaux de placement,

---

[1] Elle a été remplacée par Mlle Anna de Perrot et par
sa fille Mlle Amélie Humbert.

des *homes*, des asiles pour jeunes filles créés dans les autres pays.

Le frêle arbrisseau est devenu un arbre puissant et vigoureux, dont les branches protectrices s'étendent dans tous les pays du monde. L'Union comptait, en mars 1888, 2783 membres (près de 700 en France), répartis dans 907 localités de 22 pays. Cette augmentation nécessite de plus en plus l'action bien indépendante de chaque *Comité national*, conforme toujours et bien en harmonie avec celle du *Bureau central de Neuchâtel*, qui s'occupe des intérêts généraux de l'œuvre et expédie les affaires courantes.

Le *Conseil international* se compose du bureau central et des présidentes respectives de chaque bureau national et est appelé à délibérer sur les décisions importantes.

La *Conférence internationale* enfin, qui se réunit chaque année dans un autre pays, se compose du conseil international et des délégués des comités ou des groupes locaux.

Voici comment doit s'exercer l'action de «l'amie de la jeune fille» vis-à-vis de la jeune fille qu'elle veut protéger à son départ de la maison paternelle. Elle s'assurera si la place où elle doit entrer offre toutes les garanties désirables, et lui remettra le livret de l'Union en inscrivant sur le titre son nom et celui de sa protégée. Ce livret contient, outre d'excellents conseils, la liste de tous les *homes*, refuges, maisons de placement, asiles de servantes dépendant de l'Union dans tous les pays du monde. Elle y ajoutera l'adresse de certains membres pouvant être utiles à sa protégée (puisés dans la liste qu'elle en possède), et qu'elle préviendra de l'usage fait de leur nom.

Si, au contraire, la jeune fille n'a pas de place assurée, sa protectrice la mettra en rapport avec un *home* ou une agence de placement qui la logera en attendant qu'elle soit casée.

Là ne doit pas se borner l'action de l'amie de la jeune fille, si elle prend à cœur de réaliser à la lettre le premier article des statuts, et si elle se rend compte de l'œuvre immense qui demande le concours de toutes les femmes de cœur et de dévouement.

La présidente du *Comité national français*, Mme Coste, 13, place Chavanelle, St. Étienne (Loire), dans son rapport lu à la conférence internationale de l'Union, réunie à Paris du 1er au 4 mai 1888, adresse un appel pressant et émouvant à nos compatriotes :

« Les jeunes filles isolées, exposées au mal,

par conséquent, se comptent par milliers, dit-elle; eh bien, il faut être des milliers pour les sauver. La débauche va les chercher partout; il faut que partout aussi elles trouvent une *amie*. Oui, partout où il y a tentative de séduction, il faut qu'il y ait tentative de protection, avertissement; partout où il y a danger, il faut qu'il y ait abri et secours! »

Le comité national français s'est constitué en 1884; depuis lors de grands progrès ont été réalisés en France, tant au point de vue du nombre des adhérentes qu'à celui de leur activité; mais le but à atteindre demande des membres *partout*, dans chaque village, dans chaque hameau, en proportion de l'importance de la localité. Dans les grandes villes comme Paris, Lyon, Marseille, Bordeaux, il en faut par milliers. « Ce n'est que par le nombre, dit encore Mme Costo, que nous arriverons à faire connaître notre œuvre, à nous mettre en rapport avec les jeunes filles de toutes les classes et de toutes les positions; par le nombre que nous pourrons déjouer les machinations et les séductions de la débauche; par le nombre que nous pourrons rendre les mères elles-mêmes attentives aux dangers auxquels leurs filles sont exposées; par le nombre enfin, que nous pourrons trouver les fonds nécessaires pour créer des œuvres locales de prévention et de secours. Il nous faut l'action individuelle et collective. L'action individuelle sur une vaste échelle pour exercer sur les jeunes filles une influence morale et religieuse, pour leur accorder ces témoignages d'affection et de sympathie qui suffisent souvent à eux seuls pour retenir dans la bonne voie, pour donner conseil et direction dans les diverses circonstances de la vie. »

Un certain nombre des œuvres nécessaires à l'accomplissement de ce programme ont été fondées déjà; c'est ainsi que nous avons des bureaux de placement à Paris, à Lyon, à Bordeaux; différents asiles de domestiques et institutrices à Nimes, à Montpellier, à Alger; des chambres hospitalières ou des salles de réunion et de lecture à Valence, à Montauban, à Avignon, à Nimes, à Saint-Quentin, à Versailles, à Boulogne-sur-Mer, à Dijon, à Marseille. C'est peu de chose, en comparaison de ce qui se fait en Suisse, où l'Union agit avec un zèle et un entrain dignes d'admiration et d'imitation; peu de chose en comparaison de ce qu'il y a à faire! il faut que la petite flamme devienne un immense brasier qui éclaire, qui réchauffe, qui vivifie.

Le *Comité national français* aurait un besoin impérieux de ressources qui lui permissent de donner à son œuvre toute la publicité nécessaire, et de réaliser un projet excellent, celui de mettre des affiches dans les petites gares de campagne, pour informer les jeunes paysannes quittant leur village de l'existence de la Société et des bureaux auxquels elles peuvent s'adresser.

On le voit, les services à rendre comme amie de la jeune fille sont multiples : toutes les aptitudes, tous les goûts y trouvent leur satisfaction et un emploi approprié aux facultés individuelles. Y a-t-il des dons de direction, d'organisation, un besoin d'activité au dehors? Voici les comités locaux avec leurs différentes branches, les œuvres de placement et tout ce qui s'y rattache. Demande-t-on une tâche modeste, cachée? Voici des jeunes filles isolées ayant besoin d'encouragement, de consolation, d'une amie, dans la force du terme.

A Neuchâtel se publient deux journaux en faveur de l'Union : le *Journal du bien public*, organe officiel de l'Union internationale des amies de la jeune fille et de l'Association des femmes suisses pour l'œuvre du relèvement moral (abonnements 19, rue du Château, Neu-

châtel; prix 2 fr. 60 c. pour l'Union postale).
Il est indispensable, pour ainsi dire, aux amies
de la jeune fille, comme répertoire de tout ce
qui peut les intéresser, car il donne, de mois en
mois, les nouvelles adhésions et les changements
survenus à la liste des membres, afin que chacun
puisse y faire à mesure les corrections souvent
d'une grande importance.

Le second, intitulé *L'amie de la jeune fille*,
est destiné spécialement aux protégées de
l'Union, et leur apporte chaque mois de bons
conseils, de petites nouvelles, une méditation
religieuse, le tout parfaitement composé et de
nature à les intéresser et les instruire autant
qu'à leur faire du bien. On s'abonne également
à Neuchâtel, 2, rue de la Collégiale, pour la
somme modique de 1 fr. 50 c. par an pour
l'Union postale, 1 fr. pour la Suisse.

En voici assez, nous semble-t-il, pour prouver
l'excellence et la nécessité de cette Union, qui
réunit les femmes de toutes langues et de toutes
nations, dans un but digne de tous leurs efforts,
de tout leur dévouement. C'est une œuvre
maternelle par excellence, bien faite pour
séduire tout noble cœur de femme, et dans
l'esprit de Celui qui, le premier, s'est fait notre
protecteur et notre libérateur.

ASSOCIATION DE FEMMES
POUR L'ŒUVRE DU RELÈVEMENT MORAL

Il y a vingt ans qu'en Angleterre, par l'initiative d'une noble et vaillante femme, Mme Butler, se fondait la Fédération britannique, continentale et étrangère dont nous ne saurions ici détailler le programme, mais qui s'est vouée à combattre partout le despotisme du vice et de l'immoralité et à proclamer l'égalité de la loi morale pour les deux sexes.

Bien des femmes ignorent encore jusqu'où s'étend le fléau de l'impureté qui dévaste la société contemporaine; d'autres s'en font quelque idée, mais répugnent à aborder certaines questions. Quelques-unes, émues de compassion pour leurs sœurs déchues, animées de l'esprit d'amour de Celui qui est venu chercher et sauver ce qui était perdu, ont suivi l'exemple et l'appel de Mme Butler et se sont mises à l'œuvre.

Si toutes les femmes ne veulent pas ou ne peuvent pas entreprendre cette lutte, toutes au moins sont appelées à aider cette grande cause du relèvement moral qui devrait, entre toutes, leur tenir à cœur, pour le bien, pour l'honneur de leur sexe, et cela par l'*Association du sou*.

Il est facile de s'y associer, car cette œuvre est ouverte à toutes les classes, à toutes les bourses. Il suffit de prendre un carnet, de recueillir les modiques cotisations d'un sou par semaine et de les verser entre les mains d'une receveuse.

Les recettes se divisent en deux parts : la première revient à la caisse centrale de la Fédération, la seconde est destinée à soutenir les œuvres locales de relèvement.

De la Suisse française, le mouvement a gagné l'Alsace, la France, la Belgique; partout se forment de nouveaux groupes, et en même temps se multiplient les œuvres de relèvement et s'étend la propagande que facilite le bureau central, au moyen de brochures et de journaux largement mis à la disposition des personnes de bonne volonté.

Du mois d'octobre au mois de mai 1888, 9000 brochures ont été répandues par l'association vaudoise seule !

Depuis le commencement de son existence, l'association du sou pour l'œuvre du relèvement moral, dans son ensemble, a recueilli environ

106,000 francs, résultat réjouissant! Elle a
fourni les premiers subsides pour l'*Asile des
abandonnées* à Vevey, l'*Asile du Châtelard* sur
Lutry, institution pour fillettes difficiles ou
vicieuses-sorties de mauvais milieux, l'*Asile
temporaire* de Lausanne, le *Refuge* de Lausanne,
établissement destiné aux jeunes filles tombées
qui désirent se relever, etc.

C'est, on le voit, l'un des premiers résultats
pratiques de la propagande en faveur du but
visé par la Fédération, que cette création de
nombreux établissements de protection et de
relèvement pour les femmes et les jeunes filles.
Ces établissements, après les bureaux de placement et de renseignement, sont surtout des asiles
temporaires, des refuges, souvent des maisons
hospitalières appelées généralement en Suisse
«Le Secours». Ces derniers offrent l'hospitalité,
du travail et un encouragement moral et
chrétien, à toute jeune fille isolée sans travail
et sans abri; l'âge maximum d'admission est
30 ans.

Des maisons semblables existent à la Chaux-
de-Fonds, à Lausanne, à Neuchâtel, à Bienne,
à Vevey. Celle de Genève a une succursale à la
campagne pour occuper les jeunes filles qui ne
peuvent être placées immédiatement; c'est la

Buanderie de Florissant où l'on s'occupe de blanchissage et de repassage.

Des œuvres de ce genre, en France et en Alsace, sont également soutenues par les deniers du sou. Paris, Nimes, Strasbourg ont leurs refuges. A Colmar se trouve l'*Asile de Maternité* destiné à recevoir des filles-mères et leur enfant, seulement après une première chute, et qui leur facilite de toute manière leur entretien et celui de leur enfant, comme aussi leur retour à une vie honorable.

Plusieurs faits très tristes, d'innocentes jeunes filles que leur ignorance et leur imprévoyance, à leur arrivée dans des villes étrangères, exposaient aux dangers les plus redoutables, par la confiance qu'elles témoignaient au premier venu, ont décidé des femmes de cœur à commencer ce qui a pris le nom d'*Œuvre des arrivantes à la gare.* Aux heures d'arrivée des principaux trains ou bateaux, à Genève, à Lausanne, à Lyon, à Mulhouse, dans d'autres villes, des amies dévouées montent la garde et offrent leurs services, souvent une chambre hospitalière à toute voyageuse isolée. Cette mission de dévouement permet de déjouer bien des pièges, d'éviter bien des malheurs.

En France une œuvre semblable pour les

départs devrait se créer dans tous les ports principaux, afin d'empêcher l'expatriation de malheureuses jeunes filles, qu'on attire loin de chez elles, par de brillantes et fausses promesses pour les entraîner à la perdition. Elles partent sans savoir ce qui les attend. Un appel émouvant d'un témoin oculaire, M. Besson, pasteur à Buenos-Ayres, nous l'apprend, hélas! et cette connaissance impose l'action aux femmes chrétiennes.

C'est une sainte croisade qu'il faut entreprendre avec foi, avec courage, un devoir auquel nous ne saurions nous dérober: aux plus vaillantes, la lutte ouverte; aux autres, les moyens de la soutenir. Avec la force et la fidélité que donne le Christ, nous ne lutterons pas en vain.

ŒUVRE PROTESTANTE
DES PRISONS DE FEMMES A PARIS

L'œuvre protestante des prisons de femmes à Paris date de l'année 1839, époque où elle fut organisée d'après les conseils de Mme Élisabeth Fry, à la suite du voyage missionnaire qu'avait entrepris en France, pour la réforme des pri-

sons, cette femme éminente. C'est sur le principe de l'action individuelle pour le sauvetage
individuel, que repose cette tentative de relèvement moral, d'autant plus remarquable que,
jusqu'à présent, l'organisation de Saint-Lazare
en faisait une vraie monstruosité, une véritable
plaie sociale; au point que toute jeune fille,
toute femme sortant de ce séjour horrible, réu-
nissant les prévenues, les condamnées, les
jeunes filles en correction et les femmes de
mauvaise vie, le quittait plus démoralisée qu'elle
n'y était entrée!

Que d'efforts, de patience, de prières il a
fallu aux femmes courageuses qui ont franchi
ce seuil redoutable, pour apporter aux malheureuses prisonnières consolation et encouragement, pour faire naître en elles le désir de
recommencer une vie nouvelle! Que de décep-
tions, d'obstacles elles ont rencontré, mais aussi
quelle joie quand elles ont pu ramener sur la
route du bien une pauvre égarée!

Pour son travail dans la prison de Saint-
Lazare, le comité s'inspire des traditions laissées
par Mme Fry, et s'abstient de jamais interroger
les prisonnières sur leur passé. Il est encore
aujourd'hui dirigé par un des membres fondateurs, la vénérable Mlle Louise Dumas, âgée de

quatre-vingt-seize ans et qui, l'année passée
encore visitait la prison. Depuis cinquante ans
au service des prisonnières, elle a répandu
sans compter les trésors de son cœur, sa fortune,
ses forces dans la plus grande humilité. Sur ses
quatre-vingt-deux ans, cette amie des malheureuses a appris l'espagnol pour adresser des
consolations à une jeune femme andalouse qui
n'entendait pas le français[1].

Tous les jours, la prison est visitée par un
membre du comité qui réunit les prisonnières
protestantes pour la lecture de la Bible; chacune
d'elle lit à son tour un verset, et la dame visiteuse fait une simple explication et une prière.
Elle se rend également à l'infirmerie et dans la
salle où les petits enfants de moins de 3 ans
sont réunis à leurs mères. Par l'affection, l'intérêt témoigné à ces pauvres petites créatures,
plus d'un cœur de mère a été gagné. La bibliothèque, fondée par le comité, permet aussi de
moraliser les détenues par de bons livres
qu'elles lisent avec intérêt.

---

[1] Nous recommandons vivement la lecture du volume :
Cinquante années de visites à Saint-Lazare par M. d'A.,
un volume orné des portraits et des autographies de
Mme Élisabeth Fry et de Mlle Dumas, qui vient de paraître
à la Librairie Fischbacher, 33, rue de Seine, à Paris.

Le dépôt de la préfecture de police et le dépôt de mendicité de Saint-Denis sont visités également. Le premier est la première étape de la prison. Mme Ponton, excellent agent de la Société, obtient dans un grand nombre de cas la libération de prévenues que le comité secourt ou recueille dans son refuge.

Dans le courant de l'année 1888, de grands changements se sont opérés à Saint-Lazare : commencement de réformes importantes faites par l'administration pénitentiaire.

Dorénavant les femmes condamnées à plus de deux mois et à moins d'un an seront envoyées à Doullens, dans le Nord. Les prévenues seront gardées au dépôt de la préfecture de police ; enfin les jugées de deux mois et au-dessous, seront envoyées dans la division cellulaire de l'immense maison de détention de Nanterre.

Ces changements en amèneront forcément aussi dans l'organisation de l'œuvre des prisons.

Après la détention, comme par le passé, le comité sera là pour tendre une main secourable aux pauvres libérées, leur trouver un abri, du travail, ou les rapatrier. Suivant les cas, elles sont admises dans le *Refuge*, dirigé par Mlle Appia ou reçues dans l'*Atelier de pliage*, fondé en 1882

par Mme de Witt. Ce dernier est un asile temporaire, permettant de faire succéder aux bons
conseils un secours effectif, et offrant sa généreuse hospitalité à celles qui se disent prêtes à
un sérieux retour au bien.

D'année en année, le rayon d'activité de cette
œuvre miséricordieuse s'étend de plus en plus;
aussi aurait-elle besoin d'une libérale sympathie
et de l'aide personnelle d'un plus grand nombre
de dames, car elle ambitionne de fonder un
comité auxiliaire pour la visite des prisonnières
libérées, qui ont besoin d'être encouragées et
soutenues.

Sous l'impulsion des associations de femmes
en faveur du relèvement moral, dans bien des
villes de province, de l'Alsace et de la Suisse,
des œuvres semblables ont commencé modestement. A Lausanne, un comité de dames, fondé
en 1873, s'occupe spécialement des détenues
libérées, de leur patronage et de leur placement. Genève et Vevey ont également leur
comité.

A Paris, une action semblable à celle de
l'œuvre protestante des prisons de femmes est
exercée par la *Société des libérées de Saint-Lazare*
qui a pris un développement si remarquable
sous la présidence de Mme Isabelle Bogelot.

C e qui caractérise l'œuvre protestante, c'est qu'elle cherche avant tout à toucher les cœurs et à les tourner vers Celui qui, seul, peut relever et sauver pour toujours.

LES MAISONS DE DIACONESSES

Elles sont contemporaines et près de célébrer le cinquantenaire de leur fondation, les trois grandes maisons-mères qui instruisent et forment les sœurs diaconesses dont la mission charitable s'accomplit en France, en Alsace et dans la Suisse française. L'acte de naissance des diaconesses remonte plus haut et date du premier siècle de la réforme.

Henri-Robert de la Marck, souverain de la principauté de Sedan, s'étant converti en 1559 au protestantisme, institua les *demoiselles de charité* dont la fonction était de porter secours aux malheureux, en les soignant dans la maladie, et en leur distribuant les aumônes recueillies pour eux.

Tel est encore le but principal de l'activité des diaconesses, dont le cercle d'action s'est toutefois singulièrement élargi, et qui rendent partout, comme garde malades, directrices mo-

rales, maîtresses d'école, les plus éminents services. Leur seule infériorité consiste en leur
nombre trop restreint : elles devraient être
légions!

Les *Diaconesses des églises évangéliques de
France*[1] se sont établies et groupées à Paris en
1841, sous l'inspiration du pasteur Vermeil,
d'abord rue des Trois-Sabres, puis, deux ans
plus tard, rue de Reuilly, 95, dans un immeuble
attenant à un terrain considérable où, peu à
peu se sont élevées plusieurs constructions, formant tout un groupe secourable.

Au fond d'une longue avenue, bordée de
bâtiments qu'il est intéressant de visiter, salle
d'asile, école, correction paternelle disciplinaire
pour filles, s'élève au milieu des jardins, la
grande maison où les malades sont soignés.

La salle d'asile reçoit de nombreux enfants
du quartier et est dirigée depuis trente-sept
ans par la même diaconesse, « une bonne bergère
passionnée pour le petit troupeau qu'elle cherche
à instruire et à former au bien »[2].

---

[1] La maison de Kaiserswerth fondée par le pasteur
Fliedner en 1836 est le berceau de toutes les autres maisons de ce genre.

[2] Maxime Du Camp, *La Charité privée à Paris.*
1 vol. in-8.

Le disciplinaire contient 25 à 30 couchettes pour les filles en correction paternelle envoyées par le président du tribunal ou amenées directement par les parents. C'est en même temps une école professionnelle: on y reçoit l'enseignement primaire et on y apprend un métier. L'âge des enfants varie de 7 à 14 ans. Toutes plus ou moins vicieuses, par suite de la négligence ou de l'abandon de leurs parents, elles se trouvent bien de la saine discipline de la maison et de sa direction chrétienne; la plupart lui font honneur et se maintiennent dans le droit chemin à leur sortie.

La retenue n'est ni une prison, ni une école industrielle; elle est ouverte aux jeunes détenues retirées de Saint-Lazare pour la plupart, souvent bien perverties et d'une précocité effrayante pour le mal. C'est un sauvetage moral à opérer et dont les résultats étaient appréciés ainsi par le pasteur Louis Valette : « Un tiers des résultats moraux doivent être enregistrés comme excellents; un tiers comme offrant de bonnes garanties, mais sujets cependant à péricliter; un tiers comme nuls. »

Ces pauvres filles sont intelligemment soumises au système Auburnien. Elles travaillent en commun, mais elles dorment dans des cham-

bres particulières aussi gaies et propres que
possible; seuls les barreaux des fenêtres rap-
pellent la réclusion.

La maison de santé, enfin, permet à la
diaconesse-novice de faire son apprentissage
d'infirmerie et de compléter son éducation de
charité. Elle contient soixante lits uniquement
réservés aux femmes et aux petites filles infirmes ou valétudinaires [1].

Il existe, en outre, à Paris, des diaconesses
luthériennes, au nombre d'une quinzaine, se
consacrant presque uniquement au soin des
malades pauvres à domicile. Deux d'entre elles
dirigent un orphelinat de jeunes filles à Montmartre. Les autres ont dans leurs attributions
la paroisse de Belleville et celle de Sainte-Marie,
c'est-à-dire tous les quartiers populeux allongés
entre la Seine, les fortifications et le Père-
Lachaise.

Les Diaconesses de Strasbourg doivent leur
fondation au pasteur Hærter [2], et à un petit noyau
de jeunes filles pieuses désirant se consacrer

[1] Lire : *Une visite à la maison des Diaconesses de
Paris*, par Mme WILLIAM MONOD. Un vol. in-8. Paris,
Librairie Fischbacher.
[2] *Le pasteur F. H. Hærter*, par Mme ERNEST RŒHRICH.
Un vol. in-18, avec portrait. Paris, Librairie Fischbacher.

entièrement au service de Dieu. Henriette Keck, la première d'entre elles, embrassa cette carrière d'abnégation, le 9 juin 1842, et le 31 octobre de la même année eut lieu la fondation définitive de l'œuvre. Élue par ses compagnes comme sœur supérieure, Henriette Keck conserva de trois ans en trois ans son autorité jusqu'à sa mort, en avril 1887. Ses capacités toutes particulières la qualifiaient à merveille pour ce poste important et lui permirent de faire face à toutes les exigences de l'œuvre qui prit bien vite une remarquable extension.

A l'heure qu'il est, comme à Paris, c'est tout un groupe secourable qui s'étend le long de la rue Sainte-Élisabeth, et déborde dans les rues voisines. La maison-mère, très vaste, renferme une maison de retraite pour personnes âgées, indigentes et autres et est attenante à l'importante *Maison de santé* divisée en trois catégories, avec service particulier pour enfants, où riches et pauvres reçoivent les soins les plus éclairés et sont entourés d'une touchante sollicitude. Une soixantaine de sœurs y fonctionnent, mais le plus grand nombre à titre d'apprenties ou novices. Un beau jardin s'étend derrière la maison.

En face, de l'autre côté de la rue, s'élève l'*Asile des jeunes servantes* qui reçoit des fillettes

à partir de 10 jusqu'à 18 ans, pour les instruire
et les former comme domestiques. Il y en a
toujours quelques-unes d'utilisées à la maison
des diaconesses et à la maison de santé, pour aider
dans le service des chambres, à la cuisine, à la
chambre de repassage; elles acquièrent ainsi la
connaissance du service et des notions d'ordre
et de propreté. Dans la cour de l'asile des
jeunes servantes est installée une crèche, dirigée
par une diaconesse sous les ordres de laquelle
deux jeunes filles, à tour de rôle, sont toujours
employées au soin des enfants. Elles font ainsi
un apprentissage complet, et à leur sortie le
comité les place dans des maisons respectables.

Par son jardin, le *Bon Pasteur* touche à l'asile
des servantes. C'est un pensionnat de jeunes
filles, externat ou internat, où douze sœurs diaconesses enseignent comme maîtresses, outre les
institutrices laïques et les professeurs qui viennent du dehors.

Le nombre des élèves va croissant chaque
année; cela prouve combien sont appréciés l'enseignement excellent et l'éducation simple,
sérieuse et chrétienne qui caractérisent le *Bon
Pasteur*.

Comme à Paris, les diaconesses de Strasbourg
surveillent un *Disciplinaire* pour jeunes filles

ayant subi une condamnation, secondées par
une directrice laïque.

En outre, quatre d'entre elles sont diaconesses de quartier, visitent les malades indigents à domicile, et dirigent leurs dispensaires.

L'*Institution des diaconesses de Saint-Loup*
doit sa fondation à M. Germond père, qui en
fut le premier directeur, et à sa fille, l'une des
premières diaconesses. Contrairement aux statuts des maisons-mères de Paris et de Strasbourg, la direction et l'administration ordinaires
de celle de Saint-Loup sont confiées à un directeur qui doit être marié. Toutes les maisons de
diaconesses de l'Allemagne sont administrées
par un directeur, assisté d'un comité. C'est
actuellement M. Rau-Vaucher, dont la compagne a
été la première diaconesse originaire de Genève.

A Saint-Loup, les diaconesses et les élèves
partagent leur activité entre trois divisions différentes : L'*Hôpital* pour curables, l'*Asile pour
incurables* et l'*Asile d'enfants*. Les deux premiers ont pour toit commun l'ancien bâtiment;
le troisième occupe, à lui seul, la demeure
créée par M. Germond sur un terrain aban-
donné autrefois aux rochers et aux buissons et
dès lors complètement transformé. De quelque

côté qu'on la regarde, *La Retraite*, c'est le nom
donné dès son origine au nouvel édifice, présente l'aspect le plus pittoresque.

Comme ils y sont bien, les petits hôtes de
cette maison hospitalière! Mieux partagés que
les petits malades des villes d'où ils arrivent pour
la plupart, respirant à pleins poumons un air
vif et pur, ils reviennent bien vite à la santé et
reprennent la force de s'ébattre joyeusement en
pleine nature.

Depuis deux ans le directeur garde parfois
les plus faibles de ces enfants pour un séjour
prolongé, afin de les arracher complètement au
rachitisme, à la scrofule. Ils ont remplacé les
incurables hommes, pour lesquels il aurait été
nécessaire de bâtir une maison spéciale. C'était
le désir de M. Germond, alors qu'il y a treize
ans, il recueillit les douze premiers incurables,
et c'est encore l'ambition du directeur actuel.

Pour compléter cette revue des maisons de
diaconesses qu'on peut, en vérité, appeler des
écoles normales de charité, où les places ne
sont pas limitées, ni le surnumérariat à redouter,
nous terminerons par un tableau des postes
extérieurs de ces maisons, afin de pouvoir considérer l'ensemble de la miséricordieuse activité
de ces dignes servantes de Jésus-Christ.

MAISONS EXTÉRIEURES DE DIACONESSES

Résidences.	Désignation des Postes.	Sœurs.
Diaconesses Évangéliques de France (Nombre : 15 sœurs et novices environ).		
Audincourt	Dispensaire et hôpital.	1
Beaucourt	Dispensaire (Japy).	1
Besançon	. . . .	1
Cannes	Hôpital maritime de l'enfance	2
Clermont (Oise) . .	Maison Centrale, quartier protestant pour femmes.	2
Doullens	Section des prisonnières prot.	6
Fontainebleau . . .	Asile et école.	2
La Rochelle	Hospice communal.	2
Livron (Drôme) . .	Ouvroirs et écoles.	6
Marseille	. . . .	2
Mazères (Ariège) . .	Maison de Charité et Ouvroir.	1
Montauban	Orphelinat et Maison de santé dite « des Vieilles. »	2
Nanterre	Asile pour vieilles femmes et enfants.	2
Orléans	Orphelinat.	2
Orthez	Hôpital.	1
Paris	Pensionnat réformé.	2
A reporter		35

Résidences.	Désignation des postes.	Sœurs.
	Report.	85
Passy-Paris	Maison de convalescence.	2
Rouen.	Asile pour	
	vieilles femmes et enfants.	1
Sedan.	Orphelinat pour jeunes	
	filles.	1
Uzès	. . . .	1
Versailles	Maison de Repos. Les	
	Ombrages et Catéchuménat.	1

Diaconesses de Strasbourg
(Nombre : 180 sœurs et novices environ).

Beaucourt.	Hôpital Maison Blanche.	2
Bischwiller	Asile et soins à domicile.	3
Bouxwiller	Hôpital et Asile.	3
Brumath.	Hôpital et asile de vieillards.	2
Colmar	Diaconat, Maison de santé.	5
»	Asile de jeunes servantes.	2
»	Dispensaire.	2
Corcelles (cant. Neu-châtel)	Asile pour Incurables.	3
Couvet (cant. Neu-châtel)	Hôpital.	2
Guebwiller.	Hôpital.	2
Mulhouse	Hôpital civil.	22
»	Diaconat, Maison de retraite.	4
»	Maison de santé.	4
»	Dispensaires.	7
A reporter		104

Résidences.	Désignation des postes.	Sœurs.
	Report.	104
Mulhouse-Dornach .	Dispensaire.	1
» » .	Asile J. Dollfus.	1
Munster.	Hôpital Lewel.	8
»	Dispensaire.	1
Neuchâtel	Hôpital civil.	4
»	Hôpital Pourtalès.	7
»	Dispensaire.	1
Ribeauvillé	Hôpital et asile.	2
Ste Marie-aux-Mines	Hôpital Chenal.	8
Valentigney (Doubs)	Hôpital (Asile du Rocher).	1

Diaconesses de St. Loup
(Nombre: 40 sœurs et novices environ).

Chaux-de-Fonds . .	Hôpital.	—
Genève	Maison des enfants malades.	3
Lausanne	Hôpital cantonal.	—
»	Hospice de l'enfance.	—
Locle	Hôpital.	—
»	Crèche.	1
Moudon	Infirmerie (hôp. de district).	1
Montreux	Infirmerie.	—
Morges	Infirmerie.	—
Neuveville.	Hospice Montagu.	—
Nice.	Asile évangélique.	—
Payerne.	Infirmerie.	—
Rolle	»	—
Ste Croix	»	—
Turin	Hôpital protestant.	—
A reporter.		133

Résidences.	Désignation des postes.	Sœurs.
. . . . .	Report.	133
Vallées vaudoises .	Hôpital de la Tour.	—
» » .	Hôpital du Pomaret.	—
Vevey.	Hospice du Samaritain.	—
Yverdon.	Infirmerie.	—

Postes des Diaconesses de Berne en France.

Cannes	Maison de santé ou hôpital.	2
Lyon	Dispensaire pour les Suisses allemands.	4
»	Asile pour domestiques.	2
Menton	Helvétia, asile pour jeunes dames d'une constitution délicate.	2
Montbéliard	Hôpital civil.	4
»	Asile de jeunes servantes.	2
»	Dispensaire.	1
		150

INFIRMIÈRES ET GARDE-MALADES

Il y a onze ans, en vue de la laïcisation des hôpitaux et sous l'impulsion du Dr Bourneville, se sont fondées à Paris trois écoles municipales d'infirmières laïques.

L'*école de la Salpêtrière*, ainsi que celle de *Bicêtre*, est à la fois une école primaire et une école professionnelle. Le cours d'enseignement primaire comprend les matières du certificat d'études primaires, l'autre d'enseignement professionnel (anatomie, chimie élémentaire, pansement, etc.) est professé par une des célébrités médicales de Paris.

Les aspirantes doivent être âgées de 18 ans au moins et être douées d'une bonne constitution.

Le personnel des infirmières laïques des hôpitaux et hospices de la Seine comprend les emplois ci-après :

Infirmière ordinaire : 25 fr. par mois ; nourriture, logement, chauffage et éclairage.

Infirmière de 1re classe ou 1re fille : 30 fr. par mois ; nourriture, logement, chauffage et éclairage.

Les infirmières ordinaires et de 1re classe sont logées en dortoir commun.

Suppléante : 38 fr. par mois ; nourriture, logement particulier (une pièce), chauffage et éclairage.

Sous-surveillante : 45 et 50 fr. par mois ; nourriture, logement particulier (deux pièces), chauffage et éclairage.

Surveillante : 60 et 68 fr. par mois ; nourriture, logement particulier (trois pièces), chauffage et éclairage.

Les suppléantes, les sous-surveillantes et les surveillantes peuvent être autorisées à contracter mariage.

Les infirmières ou garde-malades privées peuvent acquérir de différentes manières les connaissances nécessaires, auxquelles, pour exceller, elles doivent joindre certaines aptitudes particulières, ce que l'on peut appeler la vocation.

Différentes maisons de santé forment des garde-malades. De ce nombre sont : la *Maison de santé protestante de Bordeaux* (rue Cassignol, n°. 21), dirigée par M᷄ᵉ Momméja, et la *Maison de santé protestante évangélique de Nîmes* (8, rue de Sauve), dirigée par Mˡˡᵉ Châlon. Ces deux établissements sont reconnus d'utilité publique.

Le premier a ouvert en plus un cours public pour garde-malades, suivi par un certain nombre de jeunes mères de famille, mais aussi par des élèves garde-malades externes qui assistent également aux cliniques du chirurgien de la maison et aux consultations gratuites.

Ces deux maisons de santé fournissent des garde-malades pour le service du dehors. Celui des gardes de Nîmes se paye ainsi 3 fr. au maximum, service complet. Celui des garde-malades indépendantes est rétribué généralement de 3 à 5 fr. par jour de 24 heures.

On peut prendre des arrangements à la
semaine, au mois. Suivant les localités et les
circonstances, on paye de 1 fr. 50 c. à 3 fr.
une nuit de veille.

En Suisse, nous avons l'*École normale de
garde-malades*, fondée à Lausanne en 1859, par
le comte A. de Gasparin. Le but en est de
former des garde-malades capables et pieuses,
travaillant, dans l'indépendance et sous leur
propre responsabilité, pour hôpitaux, asiles, villes,
familles, églises.

L'établissement situé à La Source, offre cinq
mois d'apprentissage gratuit, cours, logement et
pension à toute personne moralement qualifiée,
capable et désireuse de se consacrer au service
des malades.

Les matières d'enseignement sont : l'anatomie, la physiologie, la pathologie, l'hygiène
et les soins pratiques aux malades. Chaque jour
deux ou trois élèves sont admises à l'hôpital
cantonal et assistent aux séances de pansement
et aux opérations chirurgicales.

A la fin des études, il leur est délivré un
certificat de capacité. L'école admet les femmes
mariées, les célibataires et les veuves, ainsi
que des élèves externes.

Adresser les demandes au directeur, un mois

avant l'ouverture des cours commençant le
1er octobre et le 1er mars.

Direction : M. et Mme Reymond, ancien pasteur.

Mentionnons encore l'*École pratique* pour
former des femmes-évangélistes garde-malades,
fondée par Mme Dalencourt (75, rue Escudier,
Boulogne-sur-Seine), et dont le but est de faciliter le service actif du Seigneur auprès des
pauvres, des malades et de la jeunesse, aux
femmes vraiment pieuses et dûment qualifiées,
qui se sentent appelées de Dieu et désirent
rester libres. A côté de l'enseignement pratique,
elles suivent des cours d'instruction religieuse,
d'instruction primaire, de garde-malades.

Toute personne pouvant défrayer l'œuvre de
tout ou partie de ses dépenses doit le faire, pour
ne pas empêcher l'admission gratuite de celles
qui ne le peuvent pas.

Les conditions d'âge sont de 25 à 45 ans environ.

L'admission n'est accordée qu'à titre d'essai
et peut être révoquée par la directrice. Les
postulantes doivent indiquer des références et
remplir un questionnaire très détaillé quant à
leur vie, leur foi, leur vocation.

SOCIÉTÉ ADOLPHE

La Société Adolphe est une réunion de dames qui s'occupent de réunir des bourses pour quelques enfants dans les établissements de La Force (Dordogne), tout en fournissant à des jeunes filles l'occasion d'assister des enfants moins privilégiées qu'elles-mêmes.

Les membres de la Société s'engagent à verser annuellement une somme qui ne doit pas être inférieure à 25 fr. Ce produit des cotisations et dons sert d'abord à constituer des bourses ou des demi-bourses pour les infirmes, les idiots, les épileptiques de la localité; le reste est mis à la disposition du directeur.

On se réunit une ou plusieurs fois par an, pour entendre les rapports venus de La Force, et chaque membre organise une collecte parmi ses amis et connaissances.

Il existe de ces sociétés dans plusieurs villes de France, d'Alsace et de Suisse, mais pas en nombre suffisant, car les dépenses des asiles vont sans cesse augmentant; il leur faut une moyenne de 500 fr. par jour.

Qui n'a entendu parler de ces remarquables asiles, fondés par John Bost, dirigés actuellement par M. E. Rayroux, pasteur, et qui abritent toutes les misères humaines, depuis les plus touchantes jusqu'aux plus repoussantes?

Ils sont au nombre de neuf.

La Famille, asile pour jeunes filles, orphelines ou moralement abandonnées.

Bethesda, asile pour jeunes filles, infirmes ou incurables, aveugles, idiotes, imbéciles ou faibles d'esprit.

Eben-Hézer, asile pour jeunes filles épileptiques.

Siloé, asile pour garçons infirmes ou incurables, aveugles, idiots ou imbéciles.

Béthel, asile pour garçons épileptiques.

Le Repos, asile pour des institutrices incurables, des maîtresses d'école infirmes, des dames veuves ou célibataires, malades ou sans ressources.

La Retraite, asile pour servantes, femmes veuves ou célibataires infirmes ou sans ressources.

La Miséricorde, asile ouvert à des filles idiotes gâteuses, épileptiques, idiotes.

La Compassion, asile ouvert à des garçons idiots, gâteux, épileptiques.

Le grand chrétien, qui a recueilli toutes ces infortunes, avait vraiment le génie de la cha-

rité; quand il se décida à ouvrir son premier
asile, il avait 17 fr. pour tout capital. Sa foi,
son énergie indomptable lui ont aidé à surmonter tous les obstacles.

Puisse son exemple nous encourager dans
l'accomplissement des bonnes œuvres.

SOCIÉTÉ DES MISSIONS ÉVANGÉLIQUES
DE PARIS
SOCIÉTÉ AUXILIAIRE DES DAMES

Il appartenait tout spécialement à des femmes
de prêter leur concours à l'œuvre des missions,
en cherchant à adoucir pour leurs sœurs mis-
sionnaires un des plus durs sacrifices de leur
vie héroïque d'abnégation et de dévouement.
Ne leur faut-il pas envoyer souvent bien jeunes
et pour plusieurs années, leurs enfants en Europe afin d'y recevoir l'éducation et l'instruction qui leur sont nécessaires?

. La Société auxiliaire des dames de Paris s'est
vouée à cette douce tâche; c'est elle qui pourvoit à l'éducation des enfants de nos mission-
naires, avec l'aide des comités auxiliaires de la
province. Ces derniers, par le produit de réunions de travail, par des ventes, des loteries,

augmentent les ressources du comité de Paris,
et contribuent aussi, par leurs envois en nature,
à la réussite de sa grande vente annuelle dont
le produit net a atteint, en 1888, 23,108 fr. 80 c.

La correspondance très suivie entretenue par
ces dames avec les mères des enfants dont elles
s'occupent, est leur meilleur encouragement et
éveille en elles un intérêt toujours plus vif pour
cette œuvre. Les lettres de Mmes Mabille, Coil-
lard, de Mlles Cochet et Banzet les tiennent au
courant du mouvement religieux et de la marche
des écoles, et le lien établi ainsi entre les dames
de France et leurs sœurs d'Afrique et d'Océa-
nie est, de part et d'autre, une source de bénédictions et de progrès.

L'*Union des femmes de France*, fondée en
1876, reconnue d'utilité publique par décret du
21 décembre 1882, rattachée à titre d'auxiliaire
au service de santé militaire par décret du
21 décembre 1886, a pour but de grouper et
d'organiser, à Paris et dans tous les départements, un personnel et un matériel qui puissent,
le cas échéant, être mis à la disposition de l'autorité militaire, et de réunir, sur tous les points
du territoire, ce qui est nécessaire pour une
rapide organisation de secours sur place. Elle
doit s'appliquer à donner à ses adhérentes, une

instruction théorique et pratique en rapport avec les fonctions diverses qu'elles pourraient être appelées à exercer.

La préoccupation de la guerre est celle de toute l'Europe; c'est pendant la paix qu'il faut songer à en atténuer les horreurs, à soulager autant que possible les pauvres blessés. Il faut préparer le service des femmes, afin qu'aux combattants qui défendent la patrie « s'ajoutent ceux qui sont dans les hôpitaux et combattent contre la pourriture d'hôpital et la contagion des maladies », suivant la belle parole de Jules Simon.

A cet effet, l'Union des femmes de France a fondé, à Paris et déjà dans un grand nombre de départements, des comités qui se sont dévoués à son organisation et à son fonctionnement. Grâce au concours généreux du corps médical, elle a organisé au siège de la Société, chaussée d'Antin, 29, et dans les mairies ou écoles des arrondissements, de même que dans tous les comités de la province, des cours destinés à propager les notions élémentaires de l'hygiène et de la petite chirurgie (pansements, bandages, etc.), indispensables pour former de bonnes ambulancières-infirmières, capables d'aider les médecins en temps de guerre et pouvant

servir à compléter cette éducation spéciale que
toute mère de famille devrait posséder.

Des examens (facultatifs) sont passés à la fin
de chaque année et donnent droit à un certificat
d'ambulancière-infirmière qui est la garantie
des connaissances pratiques que les femmes de
France, destinées à soigner les malades et les
blessés de l'armée, ont acquises.

L'Union des femmes de France a pour caractère particulier l'organisation, sur place et par
régions militaires, d'hôpitaux temporaires fixes,
prêts à recevoir, sur tout le territoire, les blessés,
les malades évacués des hôpitaux ou ambulances
des premières lignes toujours trop encombrées, ce
qui permettra à toutes les femmes de remplir
leur tâche patriotique et maternelle sans quitter
le foyer auquel des devoirs étroits les attachent.

L'Union des femmes de France se compose
d'*adhérentes* qui payent une cotisation annuelle
de 10 francs au moins (ou de 200 fr. comme
membre perpétuel), d'*auxiliaires* qui ne payent
pas de cotisation, mais feront un service actif
en temps de guerre et de *donateurs* qui con-
courent à l'œuvre par des dons facultatifs.

L'Union est dirigée par une présidente, seule
accréditée auprès des ministres de la guerre et
de la marine, actuellement Mme Kœchlin-

Schwartz, 176, boulevard Saint-Germain, Paris.
Mme Carnot en est présidente d'honneur. Chaque
comité est administré par un conseil d'administration de trente membres au plus, et un
comité directeur de cinq membres pris dans
son sein.

L'Union donne également des secours aux
victimes des désastres publics; dans ce cas les
comités locaux avisent immédiatement le comité
central (Paris) qui statue sur l'importance des
secours à leur faire parvenir.

Elle donne 20 % de ses ressources aux victimes des désastres publics, et 80 % sont réservés aux victimes de la guerre.

Sa sollicitude suit le soldat français dans les
pays lointains de l'Extrême-Orient, à Madagas-
car, au Sénégal et, par ses envois maternels,
contribue à hâter les guérisons, à abréger les
convalescences.

L'Union des femmes de France compte
actuellement plus de 21,000 adhérentes, réparties en 179 comités ou groupes importants.

Les hôpitaux prêts à s'ouvrir en cas de
guerre contiennent 6000 lits, chiffre qui pourrait être en quelques jours considérablement
augmenté.

Nulle femme en France ne devrait rester

étrangère au devoir de porter secours aux malades et aux blessés en temps de guerre et, en se ralliant à cette belle œuvre, fondée par des mères de famille, payer son tribut de patriotisme et d'humanité.

ASSOCIATION DES DAMES FRANÇAISES

L'*Association des dames françaises* poursuit, sur une petite échelle, le même but que l'Union des femmes de France, aussi n'en détaillerons-nous pas l'organisation à peu près analogue.

Sa présidente est Mme Foucher de Careil.

Cette Société compte actuellement 5000 membres, 3000 ambulancières dont 300 diplômées, 500 médecins, 160 petits hôpitaux auxiliaires.

En ces matières, comme en bien d'autres, l'émulation est salutaire, mais la compétition, la jalousie devraient être évitées sous l'impulsion d'un seul et suprême mobile, l'amour de la patrie qui doit provoquer, comme l'a dit M. Mézières à la séance générale annuelle de l'Association des dames françaises, « l'idée du sacrifice, le désir de se détacher de soi-même pour se dévouer aux autres, qui est ce qu'il y a

de plus pur et de plus délicat dans les senti-
ments les plus exquis de l'âme humaine ».

C'est à la Suisse qu'est due la création de
sociétés libres de secours aux blessés, et c'est
de Genève que partit le grand mouvement de
l'œuvre de la Croix-Rouge dont l'organisation
eut immédiatement un vif succès, et qui compte
des sociétés dans 37 États d'Europe et d'Amérique ayant adhéré à la Convention de Genève
du 22 août 1864.

Le siège du comité international est à Genève.
Il s'est constitué le gardien des résolutions de
la conférence qui a modifié profondément le
droit de la guerre, en facilitant singulièrement
et rendant possible dans un sens, la tâche des
sociétés de secours.

TRAVAIL ET ÉVANGÉLISATION

Ce sont là les deux facteurs principaux de la charité réellement efficace, les deux moteurs puissants qui permettent de réaliser un bien véritable, et l'ont réalisé dans les œuvres, parisiennes pour la plupart, dont nous allons passer la revue.

Dans les pages précédentes, nous avons déjà parlé de l'assistance par le travail comme ôtant à l'aumône ce qu'elle a d'humiliant, de démoralisant; elle sert en même temps de pierre de touche pour reconnaître la véritable indigence de la fausse. Les philanthropes de tous les pays, les moralistes de la charité, et tous ceux qui se sont occupés sérieusement de la question du paupérisme, ont trouvé dans l'assistance par le travail, la solution d'un problème séculaire et le seul moyen d'enlever à l'innombrable armée du vice et de la fausse indigence l'énorme capital versé entre ses mains par la crédulité, la paresse et l'indifférence publiques, pour l'appliquer à la réalisation d'une réforme vraiment humanitaire.

Rien de plus concluant, à cet égard, que le livre *Hospitalité et Travail,* où le pasteur Robin, une autorité en ces matières, résume sa longue expérience, et les études consacrées à cette question par Maxime Du Camp, dans son beau volume de *Paris bienfaisant.* Ceux qui les ont lues (nous espérons qu'ils sont nombreux), connaissent les comédies, les manœuvres infâmes inventées par ces parasites, fléaux de la société, dont le seul but est de s'assurer, sans travailler, une existence de facile paresse.

La *Société d'assistance par le travail,* la plus considérable de Paris, dont le siège principal est rue du Colisée, 34, sous la direction d'un homme de bien, s'efforce de réaliser le précepte de Benjamin Delessert : « La véritable manière de secourir le pauvre est de le mettre en état de se passer de secours. » Elle a son organe attitré : *La Charité efficace,* bulletin mensuel qui publie aussi le tarif des objets confectionnés vendus par la Société.

Une caisse de secours, alimentée par des personnes généreuses, permet au directeur d'augmenter la rémunération du travail, souvent insuffisante à faire vivre une femme chargée de nombreux enfants.

Cette Société rend d'autres services encore ;

11

ses archives lui permettent de répondre à toute question relative à la mendicité clandestine. Les personnes désireuses de faire le bien correctement, n'auront qu'à s'adresser au directeur, et moyennant 1 fr., obtiendront les renseignements les plus détaillés sur une famille, sur un individu, attristants, décourageants bien souvent, mais utiles toujours.

L'*Œuvre du travail*, 4, rue de Berlin, à Paris, a été fondée par Mme de Pressensé, dans le désir de procurer aux pauvres ouvrières le moyen de gagner leur vie soit dans des temps de chômage, soit lorsque leur santé ou les devoirs de leur intérieur ne leur permettent pas de travailler avec assez de régularité pour accepter l'ouvrage des grands magasins qui doit être livré à jour fixe. Elle rentre dans la même catégorie.

Les Sociétés contre l'abus de la mendicité existant en France, en Suisse et en Alsace, poursuivent le même but quoique, jusqu'à présent, s'occupant des hommes exclusivement.

Procurer par le travail le pain quotidien, c'est bien; — ce n'est pas assez, car Jésus lui-même, n'a-t-il pas dit: « L'homme ne vivra pas de pain seulement, mais de toute parole sortie de la bouche de Dieu. »

Au fort de la mêlée, dans la lutte pour

l'existence, plus âpre, plus acharnée d'année en
année, c'est autre chose qu'il faut à ces cœurs
aigris par le malheur, endurcis par l'injustice
de la loi du plus fort qui semble régir le monde.
Pour réveiller ces consciences endormies, retirer ces âmes de la misère morale mille fois plus
redoutable que la pauvreté, les amener au bien,
il n'y a que l'Évangile du Christ.

Toutes les femmes d'élite, fondatrices de la
plupart des œuvres dont nous allons parler,
agissent dans cette conviction, et en même
temps que le secours matériel et physique,
répandent la bonne nouvelle du salut.

ŒUVRE DE LA CHAUSSÉE DU MAINE

Son origine remonte au lendemain de la
guerre. A la suite des désastres qui avaient
fondu sur Paris par le fait du siège et de la
Commune, Mme de Pressensé se sentit pressée
de venir en aide à ceux des habitants de Paris
ayant le plus souffert. Le quartier du Maine
avait été particulièrement éprouvé, et c'est là
qu'elle dirigea tout d'abord ses charitables
efforts, auxquels ne tardèrent pas à s'associer

des amis désireux de l'aider dans cette œuvre de bienfaisance chrétienne.

On alla d'abord au plus pressé; les enfants abandonnés furent recueillis dans une école enfantine; des réunions d'évangélisation et de travail furent organisées pour les malheureuses femmes que la déportation de leur mari en Nouvelle-Calédonie laissait souvent sans ressources. Ce sont les deux plus anciennes institutions de cette belle œuvre qui s'est développée d'année en année. Elle comprend aujourd'hui douze branches différentes que nous allons rapidement énumérer.

L'*École maternelle*, 74, rue des Fourneaux, est la seule du quartier, et sous la direction de Mme Leonardo, compte plus de cent enfants.

L'*École du jeudi* et l'*École du dimanche* réunissent de nombreux enfants; ils charment tous ceux qui s'en occupent par leur entrain, leur spontanéité, leurs réponses intelligentes. L'école du jeudi se termine par une heure consacrée à l'amusement des petits habitués. Tous les mercredis, M. le pasteur Hollard donne, dans le même local, l'instruction religieuse à une vingtaine d'enfants.

C'est lui aussi, qui préside la réunion du vendredi soir et, par sa manière de parler pénétrante et sympathique, gagne le cœur de ses auditeurs.

La réunion du mercredi est fréquentée par les femmes seules; pour bien des mères de famille, c'est l'unique moment de détente et de joie paisible qu'elles connaissent.

La directrice, Mlle Vieux, réunit les jeunes filles, le dimanche après midi.

L'*Œuvre de Secours* proprement dite s'est modifiée ces dernières années. Les secours réguliers ont été supprimés presque entièrement; on se borne à donner un coup de main efficace dans certaines occasions où le relèvement d'une famille peut en dépendre, en temps de chômage ou de maladie. Bien des familles ont ainsi été mises à même de se suffire. L'*Œuvre des loyers* en est le complément et rend de grands services à beaucoup de familles en les habituant à l'épargne et à la prévoyance.

Le *Dispensaire*, établi également rue des Fourneaux, fonctionne avec une parfaite régularité; les consultations gratuites sont données par le Dr Charon, que d'autres médecins dévoués secondent pour les visites à domicile.

L'*Ouvroir*, 201, rue de Vaugirard, dirigé par Mlle Sigwart, vit à présent par lui-même, à l'exception du loyer qui est encore à la charge de

l'œuvre générale. Il demande à être soutenu par
de nombreuses commandes permettant d'exercer
ainsi la meilleure manière de secourir.

La dernière création enfin de ce cycle charitable, c'est l'*Asile temporaire* pour les enfants
dont les mères sont à l'hôpital, 74, rue des
Fourneaux, qui est comme une œuvre parasite et
greffée sur le tronc de l'œuvre générale, a cinq
ans d'existence. Campé d'abord dans une des
salles d'école devenue inutile, il comptait seulement douze lits, tout en recevant parfois jusqu'à
seize enfants, et était insuffisant et incomplet de
toute manière.

Au mois de février 1887, dans une réunion
convoquée chez Mme Jules Siegfried, plusieurs
médecins prouvèrent par des chiffres et des
faits que le dépôt des enfants assistés, grand
bienfait de l'administration, et où peuvent être
déposés les enfants dont les mères sont à l'hôpital, devient par sa nature même un récep-
tacle de maladies contagieuses. De quelles
angoisses sont donc doublées la maladie de ces
pauvres femmes, qui ne peuvent bien se soigner
chez elles, et à l'hôpital seront torturées par la
pensée de l'abandon de leurs enfants!

Dans ces cas, l'asile temporaire devient un
lieu providentiel.

A la suite de cette réunion, de généreux donateurs ont assuré à Mme de Pressensé[1], moyennant 300 fr. par lit annuellement, la fondation
de vingt-cinq lits; d'autres dons ont permis
d'opérer la transformation de l'asile. Mais les
souscriptions régulières annuelles ne sont pas
suffisantes pour couvrir tous les frais de cet
intéressant établissement.

Le cœur maternel de Mme de Pressensé, s'il a
songé à soulager la souffrance sous toutes ses
formes, s'est, on le voit, consacré tout particulièrement aux enfants, pénétré lui aussi, de la
justesse de la parole du vicomte de Melun :
« C'est par l'enfant que Dieu rend les siècles
corrigibles et les nations guérissables. » Elle
cherche à appliquer le remède qu'il faut à la
France pour la guérir de la maladie dont elle
souffre tant, en élevant une génération nouvelle
vigoureuse et chrétienne.

Les écoles du dimanche et du jeudi, l'instruction religieuse, voilà pour le christianisme ;
pour l'hygiène on fait à Paris le plus possible et
les colonies de vacances font le reste.

Le comité, grâce à la généreuse hospitalité

---

[1] Domicile actuel de Mme de Pressensé : 9, rue du Val-
de-Grâce.

de M. et Mme d'Eichtal, qui mettent chaque année à sa disposition la ferme des Bézards, peut faire jouir des bienfaits de la campagne un certain nombre de petits Parisiens, dont quelques-uns même y passent parfois trois mois.

Le bien qu'on fait à leurs enfants, gagne le cœur des parents, et par les écoles, le travail, les réunions, la voie est largement ouverte à l'évangélisation.

MISSION ÉVANGÉLIQUE
AUX FEMMES DE LA CLASSE OUVRIÈRE

Cette belle œuvre, fondée il y a une dizaine d'années par Mme Dalencourt, assez uniforme au début, est devenue fort complexe. Elle compte à présent trois réunions de femmes dans des quartiers différents, dans des salles Mac-All[1], et deux écoles évangéliques industrielles, le jeudi, pour les filles.

La statistique suivante, datant de 1887, nous permettra de nous en faire quelque idée.

[1] I. 70, rue Daguerre (Quartier de Montrouge), Paris; II. 157, rue Nationale (Quartier d'Ivry), Paris; III. rue Mollien, Boulogne-sur-Seine.

Nombre des réunions d'adultes pendant dix
mois 132
   Noms sur la liste 360
   Moyenne des présences par semaine . 140
   Moyennes des présences par dix mois. 6160
   Nombre des réunions de filles, rue Na-
tionale, en un an 52
   Moyenne des présences par semaine . 50
   Moyenne des présences toute l'année. 2600
   Livres prêtés 2638
   Sommes déposées à nos trois caisses
d'épargne . . . . fr. 3350 —
   Vente de légumes . . . . » 739 37
   Coton tricoté pendant les réu-
nions . . . . » 58 90
   Mariages régularisés (3 catholiques,
1 civil, 9 protestants) 13
   Mariages en instance 7
   Traités distribués à Paris, aux courses,
cimetières, etc., et envoyés en province 140000
   5 Bibles, 164 Nouveaux Testaments, 1002 por-
tions de la Bible.

C'est d'ordinaire chose sèche qu'une statistique; l'originalité de celle-ci, en nous faisant
embrasser d'un coup d'œil le champ de travail
de Mme Dalencourt, la rend vivante, et, en y
ajoutant les visites à domicile, nous permet de

nous représenter un total incroyable de lettres, de démarches, de courses de tout genre, tendant toutes à un seul et même but : amener les âmes à Christ par la parole de Dieu en dehors de tout esprit sectaire.

Secondée jusqu'à présent par quelques dames et une ou deux évangélistes, Mme Dalencourt n'a pas tardé à voir que l'agrandissement constant de son activité créait de nouvelles exigences. Pour y suffire, comme aussi pour répondre aux sollicitations de pasteurs et de laïques à la recherche de femmes chrétiennes pouvant les décharger de certains devoirs plus exclusivement du domaine féminin, elle s'est décidée à fonder une école pratique pour former des femmes-évangélistes garde-malades, aidée en partie par les quakers anglais et à l'imitation de ce qu'ils appellent *the training of Bible women.*

Mme Dalencourt a débuté par recevoir trois femmes chrétiennes, désireuses de se préparer au service de Dieu, quelle que soit la place qu'il leur assignera plus tard. Elle espère ainsi «avoir la joie de pouvoir recommander de temps en temps aux églises et aux missions qui s'adresseraient à elle, une femme pieuse, possédant une certaine expérience et mettant sa gloire à servir.»

Nous n'entrerons pas dans le détail des réunions de Mme Dalencourt[1], de son école de poupées, de sa caisse d'épargne dont nous avons déjà parlé plus haut. Elle a concouru à la fondation de dix-sept œuvres analogues, en province.

La création de son *École de garde-malades évangélistes* nous permet d'espérer la formation de tout un bataillon de diaconesses laïques dont l'activité se répandra sur toute la France et se fera sentir en bénédictions matérielles et spirituelles.

ŒUVRE DE MISS DE BROËN

Miss de Broën choisit Belleville pour y commencer en 1871 son œuvre philanthropique, au moment où le cœur de la France saignait; elle s'est proposé pour but de retirer par la lumière de l'Évangile le peuple parisien du profond désespoir où il était plongé.

C'est une œuvre sœur de celles de Mmes de Pressensé et Dalencourt, avec lesquelles elle offre de grandes analogies, et une même action

----

[1] Domicile de Mme Dalencourt, 75, rue Escudier, Boulogne-sur-Seine.

de charitable évangélisation rayonne ainsi sur
les principaux quartiers populaires de la capitale, en attendant qu'elle gagne de part en part
jusqu'aux confins du pays.

L'*Orphelinat*, situé 3, rue Clavel, est la rési-
dence de sa fondatrice, qui a conservé la direction
honoraire de sa mission. Elle est secondée par
un médecin anglais, des évangélistes, des maîtresses d'école, une femme biblique.

La *Maison de fer*, 32, rue Bolivar, est le
principal lieu de réunion; les malades s'y rencontrent pour fréquenter le dispensaire quatre
fois par semaine; les indigents en hiver y obtiennent pour 10 centimes une pinte d'excellente
soupe au fourneau économique; les femmes sans
ressources y viennent deux fois par semaine
travailler à l'ouvroir; des réunions bibliques et
de tempérance, des cours pour adultes, des
écoles du jeudi et du dimanche y sont fréquentées avec un empressement de bon augure.

Des réunions semblables ont lieu à Auber-
villiers plusieurs fois par semaine, et tous les
jours, rue Secrétan, 55.

Une *Bibliothèque* gratuite et une *Caisse
d'épargne* sont aussi attachées à cette œuvre à
laquelle Miss de Broën a noblement voué sa
vie. Aussi cette œuvre est-elle regardée à pré-

sent comme une institution reconnue, qui étend
son influence sur plusieurs classes de la société
dans les murs et les environs de Paris. Comme
témoignage de son admiration, la Société d'encouragement au bien a décerné à la fondatrice
sa grande médaille d'honneur le 18 juin 1879.

ASILE TEMPORAIRE POUR FEMMES

Puisque nous sommes à Belleville, restons-y
encore, et allons, 48, rue de la Villette, visiter
l'*Asile temporaire* pour femmes protestantes
sans abri, où l'hospitalité du travail leur est
offerte jusqu'à ce qu'elles aient trouvé un gain
régulier.

C'est sous l'inspiration de M. le pasteur Robin
qu'une femme de cœur (nous voyons qu'elles
ne manquent pas) a conçu et exécuté cette généreuse entreprise, d'après les principes mis par
lui en pratique, avec succès, dans sa maison
hospitalière pour hommes, 26, rue Clavel.

L'obligation du travail écarte les mendiantes
de profession; le produit du travail aide à couvrir
les frais de séjour des pensionnaires, car les
bienfaiteurs de celles-ci ne paient que 3 francs,
une carte d'entrée valable pour une semaine et

donnant droit au coucher, à la nourriture et au blanchissage. Le séjour peut être prolongé au maximum pendant un mois, moyennant la répétition du prix d'entrée pour chaque semaine, si la place ne fait pas défaut et si la femme est docile.

Les enfants au-dessous de dix ans sont reçus avec leur mère, moyennant une demi-pension de 1 fr. 50 par semaine.

La matinée est accordée aux femmes pour chercher de l'ouvrage; l'après-midi est consacré au travail, consistant dans la confection de châles au crochet, de chaussettes tricotées, de chaussons en lacets doublés de laine, de jupons ouatés pour pauvres et d'autres objets de couture qui sont vendus à des prix modérés au profit de l'asile.

Toutes les personnes désireuses de contribuer à arracher aux tentations de la dépravation et du vice les pauvres femmes sans asile, pourront se procurer des cartes d'entrée en s'adressant à la gérante, Mademoiselle Andress. A défaut de cartes, on peut remettre quelques mots sous enveloppe pour la directrice de l'asile.

ŒUVRE
DES LOYERS DU QUARTIER DES TERNES.

«Le loyer est une des plus lourdes charges du pauvre, son souci continuel. L'aider à le payer c'est donc le soulager d'une de ses préoccupations les plus angoissantes. Je ne peux donc que faire les meilleurs vœux pour le succès de cette œuvre excellente, et la recommander à tous ceux qui aiment à faire le bien.»

C'est en ces termes que M. A. Decoppet parlait, il y a quelques années, de l'excellente et utile entreprise moralisante de Mᵐᵉ Lalot. Cette femme de pasteur dévouée, a cherché à venir en aide à la population ouvrière indigente au moyen de l'organisation suivante :

Chaque lundi matin, les ouvriers apportent une petite somme prélevée sur la paie du samedi précédent. Cette somme varie suivant le loyer du déposant. Le dépôt est inscrit sur un livret remis à tous ceux qui font partie de l'œuvre et dans lequel est inscrit le règlement dont nous extrayons l'article 5. — «Le jour même du terme, on règle le compte de chaque déposant, qui reçoit, en sus de tout ce qu'il a versé, une prime de dix pour cent. Cette prime

lui est donnée comme allégement à sa pénible
position, et comme récompense de ses efforts. »
En cas d'infirmité, de maladie et de chômage
forcé, un secours extraordinaire est accordé
selon les circonstances.

Mme Lalot, présidente et directrice, 125,
avenue de Villiers, à qui il faut s'adresser pour
être admis à l'œuvre des loyers, a constaté, par
une expérience de quelques années, combien
cette habitude de mettre en réserve chaque
semaine son loyer, par petites fractions, conduit
à d'heureux résultats.

A côté du soulagement matériel, elle cherche
à élever le niveau moral des ouvriers, et a
fondé, à cet effet, une bibliothèque dont les livres
sont lus avec infiniment de plaisir.

Un certain nombre de dames patronnesses
secondent Mme Lalot, qui agit en dehors de
toute préoccupation religieuse et accueille
aussi bien les catholiques et les israélites que
les protestants. De plus, elle considère comme
un devoir et un privilège de s'intéresser aux
soucis de ces familles, de prendre une part
effective à leurs difficultés présentes. Souvent,
elle a eu la joie de procurer de l'ouvrage à
ceux qui en cherchaient, grâce au public qui
s'est adressé à elle pour trouver des apprentis,

des domestiques, des femmes de ménage, des ouvrières à la journée, etc.

Il existe une autre œuvre des loyers qui a son siège à Batignolles, mais elle a un autre but et un autre caractère; elle procure des logements aux vieillards indigents. Celle fondée par Mme Lalot a été médaillée par la Société nationale d'encouragement au bien; c'est à son sujet que Francisque Sarcey formait le souhait suivant: «Plût à Dieu que des dames charitables eussent le courage, dans chaque quartier, de prendre une semblable initiative. Elles feraient leur métier, le vrai métier des classes dirigeantes. Elles contribueraient à prévenir les révolutions, et puis, elles auraient, ce qui est quelque chose aussi, le plaisir de faire du bien. »

Nous ajouterons: puisse cet exemple être suivi dans toutes les villes populeuses de France.

ŒUVRE EN FAVEUR
DES DEMOISELLES DE MAGASIN

Cette œuvre a pris naissance il y a quelques années déjà, grâce à la généreuse initiative d'une demoiselle américaine, Miss Atterbury, et se développe d'une manière fort avantageuse, au centre même de Paris.

A quelques pas des grands Magasins du
Louvre, 8, rue J.-J. Rousseau, est ouvert, pour
les demoiselles de magasin, un local composé de
plusieurs pièces, qu'elles peuvent fréquenter de
midi à onze heures du soir. Elles y trouvent
l'accueil bienveillant et amical d'une directrice
dévouée, toute prête à s'intéresser à leurs circonstances, à leur donner de bons conseils, à
leur parler de l'Ami céleste. Celles qui n'ont
pas de travail peuvent y passer l'après-midi, et
parfois trouvent de l'occupation grâce à l'intermédiaire du comité.

Le soir, un délassement bienvenu leur est
offert après une fatigante journée de labeur;
elles se groupent pour suivre des cours d'anglais,
d'allemand, ou de chant, ou profitent des
pianos, de la bibliothèque ou des journaux mis
à leur disposition.

La soirée se termine par un culte, puis toutes
les jeunes filles se dispersent aux quatre coins
de Paris, emportant avec elles, il faut l'espérer,
des impressions assez sérieuses pour les garder
du mal.

Le dimanche après-midi, un pasteur vient
leur faire un culte, et le reste de la journée est
consacré à d'innocentes et saines distractions.

Le nombre toujours croissant des jeunes filles

est encourageant. Toutes sont reçues sans distinction de culte ou de nationalité. Pour les
attacher plus sérieusement à l'œuvre, le comité,
dirigé par Mme Jules Siegfried, a fondé une
Société de secours mutuels; la cotisation est de
50 centimes par mois. Il a l'ambition de
compléter l'entreprise par un *home*, ou tout au
moins un restaurant. Espérons que l'avenir permettra, en réalisant ce désir, d'arracher toujours
plus de jeunes filles aux tentations qu'elles
rencontrent au magasin et à l'atelier même,
sans parler des dangers qu'elles courent dans
ce grand Paris.

LA CITÉ DU SOLEIL

Sous ce nom pompeux, qui penserait trouver
une ruche d'aspect sinistre formée par des
huttes en torchis, soudées les unes aux autres
et formant une ligne blanchâtre percée de trous
noirs qui sont les portes et les fenêtres? La cité
fait face au sud, d'où son nom, et est située
au milieu de terrains déserts, non loin des fortifications de Paris, près de l'Avenue Victor
Hugo.

Là, vit un groupe de chiffonniers, absorbés

jour et nuit par leur infime labeur et dont les
enfants s'élevaient au hasard, délaissés de nuit
et de jour, comme de vrais abandonnés. Leur
situation misérable toucha le cœur d'une femme
énergique, ardente à se dévouer, Mme Pâris, dont
le mari était contre-maître dessinateur en
châles. Elle apitoya sur le sort de ces pauvres
petits une réunion de dames pieuses, et, grâce à
leur concours, commença en 1862 une école du
dimanche dans l'espoir d'améliorer la condition
morale de ces petits déguenillés. Jamais elle
n'aurait réussi à en rassembler quelques-uns,
sans le concours d'une vieille chiffonnière,
Mme Adjutor, qui tout le jour allait de hutte en
hutte pour convaincre les parents et décider
les enfants.

Bientôt les élèves furent nombreux et l'école
du dimanche ne suffit plus : deux ou trois huttes
furent transformées en école. Les mères ne furent
pas oubliées, et réunies une fois par semaine
pour le raccommodage de leurs nippes, furent
initiées aux préceptes de l'Évangile, aux avantages de l'économie et de l'épargne.

Telle a été l'origine du groupe scolaire de la
rue de la Providence, formé par une salle
d'asile, une école de filles, une école de garçons
célèbres dans le quartier; on y vient de toutes

parts, sans acception de religion. L'école est gratuite comme la fourniture des cahiers, des livres et des plumes.

La construction et l'entretien de cet établissement sont dus à deux belles-sœurs; l'une est propriétaire de la salle d'asile, l'autre de l'école. C'est un cadeau de jour de l'an qui leur a permis cet acte de grandiose libéralité, et comme Maxime du Camp, à qui nous empruntons ces détails, nous admirons cet esprit de sacrifice, cet amour de l'enfance, assez puissants pour combattre et vaincre chez de jeunes femmes la tentation d'augmenter l'éclat de leur richesse, et leur faire préférer ce luxe-là, que nous souhaiterions contagieux.

Ces écoles, avec la salle d'asile, comptent environ 400 enfants; elles sont à présent sous la haute direction de M. le pasteur Lorriaux. Mme Lorriaux a continué à réunir le mercredi les mères des élèves, et termine la soirée en leur offrant une tasse de thé accompagnée d'un pain mollet.

L'Œuvre des Trois Semaines, fondée en 1881 par M. Lorriaux pour faire bénéficier les petits écoliers de la Cité du Soleil (que les vacances rendent à leurs flâneries dans le milieu empesté des chiffons), des bienfaits physiques et moraux d'un séjour à la campagne, cette œuvre a pris un accroissement rapide.

En 1886, 164 enfants ont été envoyés à Mont-javoult (Oise) où ils sont répartis dans différents intérieurs; à Nanteuil, à Mantes. Le séjour d'un enfant à la campagne, trajet compris, coûte environ 45 francs. Il est donc facile de s'asso-cier à un pareil bienfait, pour le multiplier, en envoyant des dons à Mme Lorriaux, 77bis, rue Legendre.

M. Lorriaux rêve de posséder un foyer, une *Maison des Trois-Semaines*, pour y recevoir chaque été successivement deux ou trois séries d'une vingtaine d'enfants chacune, destinée spécialement aux enfants chétifs et qui serait comme le quartier général des escouades épar-pillées dans le pays.

Six mille francs, c'est ce qu'il faudrait pour l'acquisition de la maison. Puissent-ils, pour le bien de l'enfance, se trouver bientôt, en véri-fiant une fois de plus la belle parole d'un chré-tien: «La charité est comme Dieu: plus on lui demande, et plus elle donne.»

MISSION POPULAIRE ÉVANGÉLIQUE
DE FRANCE

Ainsi s'intitule à présent l'œuvre fondée en 1871 par le révérend Mac-All, dans la pensée d'apporter aux classes populaires la lumière de l'Évangile, de le mettre à leur portée d'une façon plus familière et plus accessible que dans les temples.

La bénédiction de Dieu repose visiblement sur les efforts de ce grand chrétien et de ses auxiliaires; sans plus de détails, laissons parler l'éloquence des chiffres : Paris compte actuellement 28 salles de réunion, la banlieue 12; cinquante villes des départements possèdent leur salle Mac-All; Bordeaux en a 9, Lyon 5, Marseille 6, Saint-Étienne 3, Toulouse 3.

Il est plus difficile d'évaluer tout le bien fait ainsi par la prédication de l'Évangile : Dieu seul le sait, mais de nombreux exemples pourraient l'attester et servent d'encouragement. Nous mentionnons ici principalement cette œuvre, pour rappeler aux femmes et aux jeunes filles de bonne volonté combien d'occasions elle leur offre de s'employer pour le service de Dieu. L'attrait de ces réunions est infiniment rehaussé par le chant des cantiques exécuté

avec entrain par un certain nombre de .voix
exercées, et l'harmonium est en général tenu
par une dame. Puis il y a les salles de lecture,
les bibliothèques souvent installées dans le lieu
de réunion même et pour la tenue desquelles
un concours féminin est très apprécié. La salle
de lecture militaire de Marseille .est dirigée par
Mlle Stahlecker, sans le moindre inconvénient.

Là, comme ailleurs, l'occasion de se rendre
utile ne manque pas : il ne s'agit que de le
vouloir.

ŒUVRE MORIJA A MARSEILLE

Nous retrouvons à Marseille, dans l'œuvre
Morija, le type des institutions de Mmes de Pressensé, Dalencourt, de Broën, sur une plus
petite échelle, mais faisant déjà énormément
de bien, et ne demandant, pour s'agrandir et
en faire plus encore, que le concours sympathique d'amis chrétiens.

Mme L'Hermet, qui en est la directrice,
71, rue Belle-de-Mai, a ouvert deux fois par
semaine, de 2 à 5 heures un ouvroir, pour les
femmes de la classe ouvrière. Leur travail est
accompagné du chant de cantiques, de la lecture
de la Bible avec simple explication. On termine

par une courte réunion de prières. La salle
peut contenir quatre-vingts personnes.

Des visites à domicile sont faites aux ab-
sentes, aux malades, aux pauvres. « Partout
nous sommes bien reçues, nous écrit Mᵐᵉ L'Hermet. Confidente de leurs peines secrètes, de
leurs souffrances morales qui souvent s'ajoutent
aux souffrances physiques, il est doux et con-
solant d'apporter ensemble les lourds fardeaux
au trône de la grâce où l'on goûte combien
l'amour de Dieu est grand et sa miséricorde
infinie. »

L'œuvre Morija a ouvert aussi une école du
dimanche et une école du jeudi. Cette dernière
est une vraie école déguenillée. On cherche à
lui ôter peu à peu ce caractère, mais hélas! on
ne peut suffire à tout. Les enfants n'en sont
pas moins gais, ils chantent avec entrain et
sont tout œil, tout oreille pour écouter les his-
toires de la Bible qu'ils redisent avec bonheur
à leurs parents.

Cinq orphelines sans mère et un petit garçon
ont trouvé un asile à Morija. On les prépare à
devenir de bonnes domestiques ou femmes de
chambre tout en ne négligeant pas leur instruction. Elles secondent en outre Mᵐᵉ L'Hermet
dans la distribution des Nouveaux Testaments,

traités et autres feuilles religieuses qu'elle fait offrir aux affligés au cimetière, et sur les navires, aux marins qui les accueillent avec joie, et accourent au port pour recevoir les feuilles.

Comme tant d'autres ouvrières cachées, elle met fidèlement en pratique le verset : «Jette ton pain sur la face des eaux, et après plusieurs jours tu le trouveras.»

Puisse ce pain se retrouver pour le salut de plusieurs et celui de la France, et se multiplier la charité évangélisante; car il est profondément vrai, ce jugement d'un philanthrope chrétien :

«Quelle charité aveugle que celle qui n'a de pain et de secours que pour le corps! Tout ce qu'on fait pour le pauvre, si l'âme n'obtient pas sa part dans cette épreuve, n'est qu'une arme qu'on lui fournit contre lui-même et la société. Une goutte de vérité, une parole de morale descendue chez le pauvre, fera jaillir en lui une source de grandeur comme de perfection.»

ŒUVRE DES OUVRIÈRES A GENÈVE

Voici une œuvre qui met en pratique, sur une plus grande échelle, ce que Mme Dalencourt recommande si instamment, comme moyen de doubler la valeur de l'argent qu'on donnerait simplement comme secours, et en l'appliquant à la rétribution d'un travail, de le faire profiter à deux personnes.

Mlle Fanny Schaub, en fondant en 1876 l'*Œuvre des ouvrières*, imagina aussi de secourir deux familles avec la même somme d'argent, en procurant aux femmes pauvres des ouvrières pour les aider dans leur ménage. On cherche à entretenir la propreté et l'ordre dans les ménages ouvriers, en venant en aide aux mères de famille surchargées, qui ne peuvent plus suffire à la besogne. En y réussissant on diminue le nombre des positions désespérées, « car la propreté et l'ordre, c'est l'économie, dit la fondatrice, c'est le bien-être, c'est l'intérieur agréable au mari, c'est la position honorable pour la mère de famille. »

Un comité de dames réunit quelques fonds et procure, aux mères de famille qu'on lui désigne comme dignes d'intérêt, des ouvrières pour les

gros ouvrages de maison et le travail à l'aiguille.
C'est la femme aidée qui cherche son ouvrière
et la nourrit; autant que possible la dame pa-
tronnesse paie elle-même le salaire convenu et
exerce un contrôle général.

En 1886 il a été dépensé 409 fr. pour
239 journées, dont 192 de gros ouvrages et
47 de travail à l'aiguille, en faveur de 50 familles aidées par 39 ouvrières.

RENSEIGNEMENTS

Nous ne saurions entrer dans le détail de toutes les institutions bienfaisantes dues à la charité protestante en France, en Alsace et en Suisse. Comme il est bon, et peut-être très utile de les connaître au moins de nom, nous en avons dressé une liste destinée à faciliter les recherches que l'on fait souvent d'un asile où placer une orpheline, d'une maison hospitalière, ou d'un séjour de bains où envoyer à peu de frais une malade pauvre ou peu fortunée.

Nous ne citons, dans cette nomenclature, ni les établissements de l'Assistance publique, ni les asiles ou les orphelinats purement locaux, c'est-à-dire ne recevant d'enfants ou de vieillards que de la commune même, mais uniquement les établissements protestants d'un intérêt général.

ASILES ET ORPHELINATS

PARIS

ORPHELINATS DE FILLES

Asile maternel, 26, rue Clavel, Belleville.

C'est un asile pour jeunes filles moralement abandonnées; elles sont reçues de préférence de douze à quinze ans, mais peuvent entrer à l'asile depuis neuf ans. Pension de 30 fr. par mois pour les petites et de 25 fr. pour les grandes.

Les jeunes filles suivent un apprentissage qui leur permet de se placer comme bonnes, femmes de chambre ou couturières.

L'asile fabrique et met en vente des pastilles de réglisse et de menthe, et de l'eau de Cologne.

Prix des pastilles 50 c. la boîte; le flacon d'eau de Cologne 80 c.

Une commande de 12 boîtes et de 12 flacons est envoyée franco de port.

Directrice : Mlle Fauquet.

Maison des enfants, 41, rue de Cormeille, Levallois-Perret près Paris.

Cette institution tient avant tout à remplacer la famille pour les enfants orphelins et absolument abandonnés qu'elle recueille depuis le plus bas âge et sans exception de sexe. Ses directeurs, étant opposés aux grandes agglomérations d'enfants, placent souvent à la campagne ou dans des familles une partie de leurs protégés, surtout pour des raisons de morale et de santé.

Les jeunes filles sont formées pour entrer en service ou se vouer à l'enseignement.

La Maison des enfants est dirigée par M. Hocart, pasteur, et M\ulle Hocart.

Orphelinat des Batignolles, 15, rue Clairaut.

Président : L. Vernes, pasteur, 7, rue des Batignolles. — Nombre des orphelines : 50.

Orphelinat de Montmartre, 174, rue Championnet.

Directrice : M\ulle Bardey.

Orphelinat de Montrouge, 43, Avenue Verdier.

Directrice : Mme du Tremblay.

Orphelinat de Plaisance : 63, rue Pernetty, près la chaussée du Maine.

Président : M. le pasteur Paumier, 27, rue Saint-Guillaume.

Directrice : Mme Baudouin.

Cet établissement, reconnu d'utilité publique par le gouvernement, admet les enfants dès l'âge de six ans. Le prix de la pension est de

25 fr. par mois, payables d'avance, plus 55 fr.
d'entrée une fois payés pour la literie et le
trousseau. L'entretien des enfants est fait par
la maison, moyennant un supplément de 5 fr.
par mois.

Orphelinat de la rue de Reuilly, 97.

Orphelinat de jeunes filles, 51, rue Piat, Belleville, fondation Athanase Coquerel.

Un comité de patronage, 22, rue de l'Arcade,
s'occupe des jeunes filles quand elles ont quitté
l'orphelinat. Elles y sont admises de six à
douze ans. La création de nombreuses bourses
et demi-bourses fait que souvent les bienfaiteurs ne versent que 5 à 10 fr. par mois.

Orphelinat anglais (English Orphanage), boulevard Bineau, 85, à Neuilly-sur-Seine.
Récemment fondé par Miss Lee.

Pensionnat de jeunes orphelines, 16, rue des
Billettes.
Directrice : une diaconesse luthérienne.
Cet établissement, fondé dans le but de recueillir des enfants que la pauvreté ou la mort
de leurs parents laisse dans l'abandon, s'attache
surtout à former de jeunes bonnes, propres à
être envoyées à l'étranger pour y parler français

aux enfants des familles dans lesquelles on les place.

Orphelinat alsacien-lorrain du Vésinet, près Paris.

Le prix de la pension est de 400 fr., mais il y a un certain nombre de places gratuites.

ORPHELINATS DE GARÇONS

Orphelinat de l'Avenue Victor Hugo, 41.
Directeurs : M. et Mme Morize.

Orphelinat de Bon-Secours, rue de Charonne, 99.
Directrice : Mlle Haag.

Orphelinat, avenue Philippe-Auguste, 82, fondation Athanase Coquerel.

Orphelinat, 16, avenue d'Orléans à Neuilly, près Paris.

Cet orphelinat, fondé en 1873 sous le patronage de l'Église réformée de Paris, avec le concours de l'Église de la Confession d'Augsbourg, avait été installé jusqu'en 1889, 37, avenue d'Eylau. Les deux diaconats se chargent en partie ou en totalité de la pension des enfants secourus par eux. Les élèves qui ont fait leur

13

première communion sont placés sous la protection des comités de patronage d'apprentis et
reçoivent un précieux enseignement dans les
conférences établies par ces excellentes institutions.

*Société de patronage des orphelins d'Alsace-
Lorraine*, rue Le Pelletier, 1.

La *Société d'éducation et de patronage des
enfants protestants insoumis* s'occupe des petits
protestants appartenant à cette triste population
d'enfants nés dans le milieu le plus déplorable,
pépinière où s'alimentent les prisons. C'est elle
qui administre :

L'*École industrielle*, 7, rue Clavel, Belleville,
Paris.

Directeur : M. le pasteur Charbonniaud.

On y reçoit de jeunes détenus sortant de la
Petite-Roquette, plus malheureux que coupables,
des enfants abandonnés par leurs parents ou
réfractaires à toute discipline domestique et ne
pouvant être reçus dans un orphelinat.

Ces enfants reçoivent à l'École industrielle
une éducation primaire et professionnelle. On
y fabrique de très bonnes chaussures en tous
genres.

L'âge d'admission est de dix à seize ans.

La pension mensuelle est de 30 fr., plus, à l'entrée, 60 fr. pour le trousseau. Des bourses ou des demi-bourses sont accordées parfois par le conseil d'administration.

PROVINCE

ORPHELINATS DE FILLES

Anduze (Gard). Orphelinat-pension.
Pour les renseignements s'adresser à Mlle Sardinoux, secrétaire. — Nombre des élèves : 25.

Avallon, par La Tremblade (Charente-Inférieure). Asile Émilie.
Président : M. Ballande, pasteur à Étaule. Directrice : Mlle Banzet. Nombre des élèves : 36.

Barnave, par Luc-en-Diois (Drôme). Orphelinat-famille.
Directeurs : Mme et M. Marzials, pasteur.
Les jeunes orphelines, au nombre d'une vingtaine, sont surtout exercées aux travaux de couture sous la direction d'une bonne couturière parisienne, et formées comme jeunes bonnes pour l'étranger. L'orphelinat accepte avec reconnaissance toutes commandes de travaux de couture.

Brassac (Tarn). Orphelinat.
Directrice : Mlle L. Séguier.

Crest (Drôme). Maison d'orphelines protestantes. Établissement reconnu d'utilité publique.
Directrice : Mlle L. Oddon. — Nombre des élèves : 85.

Cet orphelinat recueille les jeunes filles orphelines, ou abandonnées et pauvres, âgées de cinq ans au moins et de douze ans au plus, et les met en état de gagner honorablement leur vie. Elles y sont entretenues gratuitement ou à l'aide de pensions fournies par leurs parents ou protecteurs et y reçoivent une instruction primaire et professionnelle. La pension est de 200 fr. par an, plus 40 fr. pour le trousseau à l'entrée dans la maison.

Dely-Ibrahim, près Alger. Orphelinat protestant de l'Algérie reconnu par l'État comme établissement d'utilité publique.
Directrice de la section des filles : Mme Payan.

Les jeunes orphelines reçoivent une bonne instruction et sont formées pour être principalement placées comme servantes à leur sortie.

Fernex (Ain). Asile pour jeunes orphelines.
Directeur : M. le pasteur Pasquet.
Prix de la pension : 25 à 30 fr. par mois.

Sont reçus gratuitement, sauf exception, les enfants français et suisses domiciliés dans le département de l'Ain et parfois en Savoie.

Marseille. Orphelinat, 74, rue Sainte-Cécile. Directrice : Mlle Du Pasquier.

Montauban. Œuvre des orphelines protestantes fondée dans le double but d'arracher au vice et à la misère de pauvres enfants dénuées de tout appui et de former des servantes fidèles, dévouées et craignant Dieu.

Directrice : Mlle Petit, diaconesse. — Nombre des élèves : 60.

Aucune orpheline n'est admise au-dessous de l'âge de six ans, ni au-dessus de douze. Elles restent à l'établissement jusqu'à l'âge de dix-huit ans révolus.

Montbéliard. Maison de charité dite La Croix d'Or. — Nombre des orphelines : 12.

Nantes. Orphelines de la Bretagne et de la Vendée.

Renseignements : M. Fargues, pasteur, 54, rue du Gigant, Nantes.

Nîmes. Orphelines du Gard, rue Rabaut-Saint-Étienne. Asile maternel.

Directrice : Mlle Ivolas. — Nombre des élèves : 55.

Nérac. Orphelinat.

Directrice : Mme Medley. — Nombre des élèves : 15.

Orléans. Œuvre des orphelines protestantes d'Orléans.

Etablissement reconnu d'utilité publique.

Directrice : Sœur Griolet, diaconesse de Paris. — Nombre des élèves : 60.

Les orphelines doivent être âgées de cinq ans au moins, de douze ans au plus. La pension annuelle est de 200 fr. plus 30 fr. d'entrée et 40 fr. pour le trousseau.

Chaque année le comité distribue trois livrets de caisse d'épargne aux jeunes filles qui ont donné le plus de satisfaction pour la conduite, les travaux de couture et les soins du ménage.

Sedan. Orphelinat protestant.

Président : M. Goulden, pasteur. — Nombre des élèves : 80.

ORPHELINATS DE GARÇONS

Castres (Tarn). Asile de charité pour les orphelins protestants, reconnu comme établisse-ment d'utilité publique. Il a pour but de re-cueillir de tous les points de la France protes-

tanté de pauvres orphelins, enfants abandonnés,
ou que, pour une cause quelconque, leurs
parents ne sont pas en état d'élever; de les
instruire soigneusement dans la crainte de Dieu
et de leur faire apprendre, suivant leurs aptitudes, un état, grâce auquel ils puissent vivre
honnêtement.

Directeur : M. Salvaire. Comités auxiliaires
à Nimes, Mazamet, Montpellier, Montauban.
— Nombre des élèves : 109.

Les enfants sont admis de six à dix ans. On
paie 80 fr. pour droits d'entrée et trousseau, et
une pension annuelle proportionnée.

Chaque année 6 livrets de caisse d'épargne,
de 50 fr. chacun, sont distribués aux meilleurs
élèves ou apprentis.

Dely-Ibrahim, près Alger. Orphelinat protestant de l'Algérie, reconnu comme établissement
d'utilité publique.

Directeur général : M. Seltzer. — Nombre
des élèves : 42.

A cet orphelinat est joint une exploitation
agricole considérable; on y cultive surtout le
blé et la vigne avec un succès constaté par des
récompenses à plusieurs expositions.

Fernex (Ain). Asile agricole pour garçons.

Directeur : M. le pasteur Pasquet.
Pension 25 à 30 fr. par mois.

On y donne une éducation protestante à des
enfants pauvres ou orphelins, ou protestants disséminés, ou exposés à une influence démoralisante.

Lemé (Aisne). Orphelinat.
Directeur : M. Brouillard.

Marseille. Asile Marie. Orphelinat de jeunes
garçons.

Montauban. Maison paternelle d'enfants abandonnés et d'orphelins protestants. Ancien orphelinat de la guerre avec école industrielle;
fondé sous le patronage des Unions chrétiennes.

Directeur et fondateur : M. le pasteur Paul
Hugues, 6, avenue Gambetta.

L'entretien de chaque enfant revenant à une
moyenne de 300 fr. par an, le minimum laissé
à la charge des parents ou des protecteurs est
fixé à la somme de 10 fr. par mois avec un droit
d'entrée de 50 fr.

Près de cinquante dames patronnesses, répandues dans les principales villes de la France,
de l'Alsace et de la Suisse française, sont en
rapport avec cette œuvre pour lui procurer aide
et travail. La typo-lithographie est enseignée à

l'école industrielle, et toutes commandes sont accueillies avec empressement et reconnaissance.

Nantes. Asile d'orphelins. Renseignements : M. Fargues, pasteur.

Nîmes. Orphelinat, 9, rue Grétry.

Directrice : Mme Gayraud. — Nombre des élèves : 25.

Rochefort-en-Yvelines (Seine-et-Oise). Orphelinat Duplessis-Mornay, fondé par le comte Robert de Pourtalès.

Directeur : M. Olivier.

Les orphelins doivent être âgés de dix à douze ans et rester dans l'établissement jusqu'à leur dix-huitième année. Lorsque l'admission est prononcée, tout est entièrement gratuit. Il n'y a ni droit d'entrée, ni pension à payer.

Les demandes doivent être adressées à la famille du fondateur, rue de Londres, 25, à Paris.

Saverdun (Ariége). Institut de charité pour les orphelins protestants. Établissement reconnu d'utilité publique.

La fondation a pour but de recueillir des enfants protestants, orphelins ou abandonnés, qui seront reconnus avoir des droits aux secours de la charité, pour les élever dans les principes

de la piété chrétienne, les habituer au travail
et leur donner une profession. Leurs goûts
seront principalement dirigés vers les travaux
de l'agriculture.

Comités auxiliaires à Marseille, Montpellier,
Bordeaux et Nimes.

Directeur: M. Amar. — Nombre des élèves : 136.

Les enfants sont admis de six à douze ans.
Une somme de 80 fr. doit être payée à l'entrée.

Des récompenses en argent sont accordées
aux orphelins les plus méritants grâce à la fondation de la rente Isabelle, constituée par
M. Courtois de Viçose.

Sainte-Foy (Dordogne). Colonie agricole
fondée en 1842, reconnue comme établissement
d'utilité publique.

Elle a pour but d'entretenir et d'élever les
jeunes détenus protestants des deux sexes,
ainsi que des enfants vicieux qui lui sont remis
par leurs parents ou leurs protecteurs; de
donner à ces enfants l'éducation morale et religieuse, de les diriger vers les travaux de l'agriculture, et dans certains cas leur faire apprendre
un métier; d'exercer une tutelle bienveillante
sur ces enfants après leur sortie de la colonie.

Le conseil d'administration a son siège à

Paris où l'agent de la société est M. Morize, 41, avenue Victor Hugo.

Directeur de la colonie: M. le pasteur Paul Thénaud.

Pour être admis, il faut être âgé de moins de seize ans. Dans les cas préventifs, la pension entière est de 300 fr., la demi-pension de 150 fr., la demi-bourse est accordée par le conseil suivant les ressources de la famille.

Tonneins (Lot-et-Garonne). Institut de charité pour les jeunes orphelins protestants indigents de deux à neuf ans; reconnu comme établissement d'utilité publique.

Directrice: Mlle Amphoux. — Nombre des élèves: 25.

La pension annuelle est de 160 fr., on paie en outre 40 fr. de droit d'admission et 35 fr. pour le trousseau.

Tonneins. Catéchuménat pour les jeunes protestants disséminés.

Il a été fondé pour les enfants de familles pauvres de protestants disséminés, âgés de dix ans au moins et de treize ans au plus. On les garde jusqu'à ce qu'ils aient fait leur première communion et reçu une instruction primaire suffisante.

Directeur : M. Fallourd.

Il sera payé pour tout enfant admis : 1° une somme de 60 fr. pour droit d'entrée et entretien du trousseau, 2° une pension annuelle de 200 fr. Le comité se réserve la faculté d'accorder des demi-bourses de 100 fr. ou même des bourses entières; dans ce cas-là, la somme de 30 fr. doit être payée annuellement pour l'entretien du trousseau.

Vallon (Ardèche). Asile agricole.
Directeur : M. P. Grach.

Vélizy-par-Chaville (Seine-et-Oise). Orphelinat protestant.
Directeurs : M. et Mme E. Penseyres.

ALSACE

ORPHELINATS DE FILLES

Colmar. Asile de jeunes servantes, rue du Petit-Lycée, 1, accepte les petites filles orphelines ou abandonnées depuis l'âge de huit ans, pour en former de bonnes domestiques.
Directrice : une diaconesse de Strasbourg.
Présidente du comité : Mme Ch. Sandherr, rue Turenne.

Mulhouse. Asile pour petits enfants, faubourg de Belfort.

Directeur et fondateur : M. G. Stricker, rue Saint-Jean, 8.

L'asile reçoit sans distinction de culte ou de sexe les petits enfants orphelins, abandonnés ou privés de soins par suite de maladie des parents, et mis dans le cas d'être recueillis par la charité chrétienne. Ils restent à l'asile jusqu'au moment où ils pourront être rendus à leur famille ou placés dans une institution publique.

La pension est fixée à 20 fr. par mois; elle pourra être augmentée ou diminuée selon les circonstances. Les enfants devront apporter un petit trousseau.

Neuhof, près Strasbourg. Établissement pour l'éducation des pauvres enfants orphelins ou abandonnés des deux sexes. Les petites filles sont formées aux soins du ménage.

Directeur : M. E. Belin, pasteur.

Age d'admission à partir de six ans.

Pension annuelle de 150 à 200 fr.

Sainte-Marie-aux-Mines. Orphelinat protestant de jeunes filles.

Directrice : Mlle Heiner. — Nombre des élèves : 16.

Les jeunes filles y font un apprentissage de couture et de ménage. Les grandes tricotent de jolies brassières pour bébés, très recherchées. Prix de la pension, 10 fr. par mois.

ORPHELINATS DE GARÇONS

Cernay, près Mulhouse. Asile agricole créé en 1847 par M. Matthieu Risler et quelques industriels du Haut-Rhin.

Les travaux agricoles sont associés à l'instruction primaire d'après les principes de Pestalozzi.

Les enfants, filles comprises, sont admis de six à douze ans, restent jusqu'à quinze ans et vivent en famille avec le directeur.

Directeur: M. Meyer. — Nombres des élèves: 32.

Prix de la pension 250 fr. par an. Il y a quelques admissions gratuites.

Neuhof, près Strasbourg. Établissement pour l'éducation de pauvres enfants orphelins ou abandonnés. Instruction primaire avec enseignement professionnel. Les jeunes garçons sont principalement employés aux travaux agricoles.

Directeur: M. E. Belin, pasteur.

Age d'admission à partir de six ans.

Pension annuelle de 150 à 200 fr.

Strasbourg. Versorgungs-Verein ou Société se chargeant de placer à la campagne, dans des familles honnêtes, des enfants orphelins ou vivant dans un milieu démoralisant.

SUISSE FRANÇAISE

Bex (Valais). Orphelinat fondé en 1876 par quelques dames charitables pour recueillir des enfants abandonnés.

S'adresser pour les admissions à Mme H. de Carteret à Bex ou à Mlle E. Malzard, aux Magnolias, Lausanne.

Directrice : Mme Paillard, à l'orphelinat. — Nombre des élèves : 12.

Châtelard-sur-Lutry (canton de Vaud). La colonie du Châtelard reçoit les jeunes filles vicieuses, abandonnées ou vivant dans un milieu démoralisant, de préférence âgées de dix à douze ans. On cherche à leur donner le goût du travail et à les intéresser à une vie simple et régulière.

Directrices : Mlles Bardet et Rosset. — Nombre des élèves en 1888 : 21.

Cressier, près Neuchâtel. Asile ayant pour but de recueillir des jeunes filles abandonnées ou négligées pour les relever moralement et les mettre à même de gagner honorablement leur vie. On les accepte de douze à dix-huit ans et elles apprennent à blanchir, à repasser, à coudre et à s'occuper du ménage.

Présidente du comité : Mme Février, à Neuchâtel. — Nombre des élèves : 16.

Daillens (canton de Vaud). Orphelinat de Daillens-Cossonay-Penthaz. On y recueille des orphelins des deux sexes de quatre à seize ans révolus. Les garçons sont placés à la campagne dans des familles respectables; les filles habitent la cure de Penthaz. Leur nombre est généralement de 28.

Prix de la pension pour les filles : 160 fr. par an. Pour les garçons, le comité traite de gré à gré; c'est d'ordinaire de 120 à 130 fr.

Directeurs de l'asile : M. et Mme Vincent, instituteurs.

Président du comité : M. Monastier, pasteur à Grancy, Vaud.

Grandson. Orphelinat des Tuileries. On y reçoit des orphelins des deux sexes, sans distinction de culte ou de nationalité, sains de corps et d'esprit, âgés de six à dix ans.

Il a été fondé en 1875 par M. et Mᵐᵉ Alfred Fallet et quelques bienfaiteurs.

Locle (canton de Neuchâtel). Asile des Billodes reçoit de jeunes orphelines.

Directeur : M. Nouguier. — Nombre des élèves : 83.

Moyenne du prix payé pour la pension : 157 fr. 65.

Dépense par élève : 370 fr. 80.

La vente des timbres-postes usagés est d'un grand secours à cet asile.

Vevey. Asile de jeunes filles, reçoit des orphelines ou des abandonnées et les met à même de gagner leur vie comme domestiques ou ouvrières.

Age d'admission : à partir de six ans, et de sortie : dix-huit ans.

Prix de la pension : 180 fr. par an.

ASILES
POUR AVEUGLES, SOURDS-MUETS, ETC.

Bischwiller-Oberhofen (Alsace). Asiles évangéliques pour l'entretien et l'éducation d'enfants idiots.

L'asile de Bischwiller est destiné aux jeunes garçons.

Directeur : M. Josué Bott.

L'asile d'Oberhofen est destiné aux jeunes filles.

Directrice : sœur Lina Kuss.

On y poursuit un double but : celui de soigner les incurables, et celui de développer dans la mesure du possible les facultés des faibles d'intelligence ; on cherche à inculquer à ceux-ci quelques connaissances élémentaires et à leur inspirer l'amour de l'ordre et du travail.

Les enfants sont admis sans distinction d'âge, de culte ou de nationalité.

Le prix de la pension annuelle est de 500 fr. par an, plus 50 fr. pour droit d'entrée. — Il se réduit à 250 fr. et 25 fr. de droit d'entrée pour les enfants assistés d'Alsace-Lorraine seulement.

Illzach (Alsace). Asile évangélique d'aveugles.

C'est une maison d'éducation pour les jeunes aveugles des deux sexes et de n'importe quel culte, qui y reçoivent une instruction primaire et un enseignement professionnel, avec des ateliers de travail pour aveugles adultes.

Directeur : M. M. Kuntz. — Nombre des élèves : 40.

Le prix de la pension varie et s'élève de 250 à 500 fr. suivant les circonstances.

Laforce (Dordogne). École spéciale pour enfants aveugles.

Lausanne (Suisse). Institution d'éducation pour jeunes aveugles des deux sexes.

Directeur : M. Hirzel. — Nombre des élèves : 24.

Pension annuelle 250 à 600 fr.

Lausanne. Hôpital ophtalmique. 42 lits.

Les Suisses paient 1 fr. par jour; enfants 50 c.

Les étrangers 1 fr. 50 les adultes; enfants 1 fr.

Directeur : le Dr Dufour, Lausanne.

Lausanne. Hospice orthopédique.

Directeur : M. Henri Martin, campagne Martin, route d'Échallens.

Paris. Société des ateliers d'aveugles avec école professionnelle pour hommes. 11, rue Basfroi; 149, rue d'Alésia; 1, rue Jacquier.

La Société se propose de créer un atelier spécial pour les femmes; en attendant, elle en occupe un certain nombre à domicile et fait vendre le tricot, le crochet, les filets de fantaisie, de pêche et les housses pour chevaux qu'elles ont faits.

Apprentissage, faubourg Saint-Denis, 68.

Courbevoie (Seine). Asile Lambrechts reçoit des indigents atteints de cécité, qui ont plus de 30 ans.

Se faire inscrire aux diaconats des églises de Paris.

Maisons-Alfort. École enfantine d'aveugles de cinq à dix ans pour les deux sexes fondée en 1883 par la Société nationale d'assistance.

Robertsau, près Strasbourg. Institution protestante de sourds-muets.

Saint-Hippolyte (Gard). Institution protestante de sourds-muets.

Saint-Hippolyte (Gard). Institution protestante de jeunes aveugles.

Bourg-la-Reine, près Paris. Pensionnat de sourds-muets.

Pension : 600 fr. Les petites filles sont reçues à six ans.

Il existe à Paris *La Société pour l'instruction et le patronage des sourds-muets* et *La Société pour l'amélioration du sort des sourds muets et des aveugles*.

HOMES,

ASILES POUR JEUNES FILLES, REFUGES

PARIS

Asile chrétien de domestiques femmes, maison de placement pour servantes protestantes, 85, rue Legendre-Batignolles.
Directrice : Mlle Allégot.

Bureau de renseignements et de placement pour gouvernantes et servantes, 151, rue de Courcelles, les lundis, mercredis et vendredis de 2 à 4 heures.

Home français pour jeunes filles, 17, rue de l'Arc-de-Triomphe, 1 fr. 50 par jour.

Home suisse, 25, rue Descombes, Ternes.
Directrice : Mlle Guinaut.

Home anglais, 77, avenue Wagram.

Deutsches Erzieherinnenhaus, 21, rue Brochant, Batignolles.

Deutsche Mädchenherberge, 110, rue Nollet, Batignolles.
Directrice : Mlle Meyer.

Maison hospitalière fondée par Mlle Morgan, 14, rue Deguerry..

Institut protecteur des femmes de la société et *Home pour institutrices*, 26, rue de Turin.

Mme la vicomtesse du Peloux reçoit tous les jours de 2 à 5 heures sauf le dimanche.

PROVINCE ET ALGÉRIE

Alger. Asile pour jeunes filles françaises qui cherchent une place en Algérie, 1, rue Doria.

Bordeaux. Maison hospitalière, 9, rue Mandrau. Directrice : Mme Tachella.

Cannes. Maison hospitalière pour domestiques sans place, 1, rue Raphaël, boulevard de la Foncière.

S'adresser à Mme Marrault-Bourrit, 54, rue de Fréjus.

Lyon. Bureau de renseignement et de placement pour domestiques, ouvrières, apprenties, 89, avenue de Saxe. Ouvert le mardi et le vendredi de 2 à 4 heures.

Asile pour domestiques sans place, 61, rue Garibaldi, quartier des Brotteaux.

Maison de refuge provisoire, 19, rue des Capucins, chez M. Liquier (œuvre de relèvement).

Marseille. Œuvre des servantes protestantes, 18, rue Sainte-Victoire.

Nice. Eben-Hezer, maison hospitalière pour jeunes filles sans place, 22, rue Sigurano.

Nimes. Asile pour jeunes filles protestantes sans place ou de passage. Pension 75 c. par jour. Pour l'admission s'adresser à Mme Silhol, Mont Duplau.

Refuge. Directeur : M. Kruger (œuvre de relèvement).

ALSACE

Colmar. Maison des servantes, 44, rue du Logelbach.

Mulhouse. Maison des servantes, 17, rue Sainte-Claire.

Strasbourg. Maison des servantes, 7, rue de l'Ail. On y reçoit aussi des dames seules de passage et des jeunes filles modestes venant pour suivre des cours publics à Strasbourg.

Refuge protestant à la Robertsau (œuvre de relèvement). Directrice : Mme Gand.

Bienne. Asile pour jeunes filles sans place et sans travail, Pasquart, maison Verdau.

Chaux-de-Fonds. Asile du secours et bureau de placement. Directrice : Mlle Jeannet.

Genève. Société des domestiques protestantes; a organisé un bureau d'inscription et de placement avec asile pour celles qui sont sans place et une infirmerie pour les sociétaires malades. Toute domestique protestante peut être admise, pourvu qu'elle justifie de sa moralité et de sa fidélité. On paie 1 fr. 50 comme droit d'inscription et 3 fr. par an. Taconnerie, 1.

Asile des ouvrières fondé par Mme Munier-Romilly, offrant un asile protecteur aux ouvrières sans famille, rue Étienne-Dumont, 14, 4 fr. pour logement, chauffage, éclairage, soins médicaux et remèdes; nourriture 90 c. par jour. Les pensionnaires qui n'ont pas de journées trouvent de l'ouvrage à l'établissement.

Magdeherberge, 4, cour Saint-Pierre.

La Famille, pension de femmes, 3, rue Lévrier, doit procurer un intérieur et une famille aux personnes qui en sont privées; destinée spécialement aux jeunes ouvrières, demoiselles

de magasin et jeunes filles peu fortunées désireuses de fréquenter les cours d'instruction publique.

Loyer 5 fr. par mois; nourriture 1 fr. par
jour. Exceptionnellement des personnes de passage sont reçues pour 1 fr. 50 à 2 fr. par jour.

Le Secours, 8, chemin Dancet, Plainpalais.
Son but est d'offrir l'hospitalité, le travail et un
encouragement moral et chrétien à toute jeune
fille isolée, sans abri et sans protection. Age
maximum d'admission : 30 ans. Succursale à la
campagne : Buanderie de Florissant.

Refuge, 22, Jargonnaut (œuvre de relèvement).

La Miséricorde, asile fondé pour recueillir
après une première faute des jeunes filles qu'on
peut espérer ramener dans la bonne voie.

Maison hospitalière, rue des Alpes, 20.
1 fr. 50 par jour.

Fontaine (canton de Neuchâtel). Asile de la
Ruche. Maison de travail et œuvre de relèvement. On s'y occupe du couvrage des chaises
et autres ouvrages manuels. Prix de la pension
15 fr. par mois pour les Neuchâteloises et 20 fr.
pour les étrangères.

Directrices : Mlles Tissot et Gerscht.

Lausanne. Asile pour jeunes filles sans appui et sans place, 2, halle de Saint-Laurent. 75 c. par jour, beaucoup d'admissions gratuites. Directrice Mlle Bell.

La Retraite, au Ravin, près Bellevue. Établissement de relèvement. Les jeunes filles sont admises gratuitement sur leur demande et s'engagent à rester deux ans. Elles reçoivent un trousseau en sortant.

Asile temporaire, aux Épinettes, non loin de la gare (œuvre de relèvement). Le séjour varie suivant les circonstances et dure de quelques semaines à plusieurs mois. On s'occupe spécialement de la réfection des matelas.

Bureau de renseignements, 16, Maupas.

Neuchâtel. Le Secours, 24, Écluse. Asile pour jeunes filles sans place et sans abri. Présidente du comité : Mme Gustave de Pury.

Œuvre de placement. Mme de Meuron, 2, rue du Môle.

Vevey. Le Secours. Asile pour jeunes domestiques sans place, bureau de placement, logements pour ouvrières de fabrique ou d'autres professions, pension alimentaire à bas prix. Salles de réunion; cultes réguliers d'évangélisation faits dans la maison pour femmes de la classe ouvrière.

Directrice: Mme Delajour. Directrice de l'agence de placement: Mme Hœmmerli, 2, rue du Casino.

CONVALESCENCE ET BAINS

FRANCE

Aix-les-Bains. Asile évangélique. On y reçoit les malades peu fortunés qui ont besoin des eaux. 25 lits. 2 à 3 fr. par jour. Adresser les demandes à la direction de l'Asile évangélique.

Alais. Maison de santé pour jeunes filles.

Bordeaux. Châlets du Moulleau, établissement de convalescence et de bains de mer pour enfants, dépendant de la maison de santé protestante.

Cannes. Asile évangélique ouvert du 1er octobre au 31 mai, route de Grasse.

Directrice: sœur Achard, diaconesse.

L'asile reçoit indistinctement les malades de tous cultes et de toutes nationalités, pour séjour de convalescence.

Le prix de la pension est ainsi fixé:

Pour la première section: chambre particulière: 5 fr. par jour; chambre à deux lits: 4 fr. 50 par jour.

Pour la deuxième section: 2 fr. 50 par jour.

Tous les soins et médicaments sont gratuits.

Hôpital maritime protestant pour enfants, fondé par M. Jean Dollfus, square Brougham.

Cette (Hérault). Le Lazaret, établissement de bains de mer. Prix 1 fr. par jour pour grandes personnes; 75 c. pour enfants au-dessous de 12 ans.

Pour les admissions s'adresser à M. le pasteur Benoît, président de l'œuvre, 12, rue de l'Hospice, Cette.

Divonne (Ain). Établissement hydrothérapique. Gratuité du traitement pour les indigents; l'administration leur accorde même l'hospitalité complète lorsqu'elle le peut.

Le Grau du Roi (Gard). Bains de mer. Pour admission s'adresser à M. Roussy, 32, rue de l'Aspic, Nimes.

Lyon. Asile du Moulin-à-Vent, pour incurables et convalescentes.

Recouvrance de Champagne, aux environs de Lyon, maison de convalescence pour jeunes

filles, admises de 3 à 16 ans. Pension : 6 à 16 fr.
par mois, suivant l'âge.

Recouvrance d'Oullins, près de Lyon. Ferme
de M. et Mᵐᵉ Chabrière-Arlès, servant de
maison de convalescence pour garçons maladifs.
Cette œuvre est devenue privée.

Menton. Helvétia, maison de convalescence,
reçoit de jeunes dames ou demoiselles malades
ou épuisées par le travail (diaconesses, institutrices, femmes ou filles de pasteur ayant besoin
de passer l'hiver dans le Midi). 15 lits; 25 fr.
par semaine tout compris, soins médicaux et
remèdes. Adresser les demandes, appuyées par
les pasteurs et médecins, à M. le pasteur Dela-
pierre, Menton.

Nice. Asile évangélique; Carabacel.
Directrice : sœur Léona.

Paris. Maison de convalescence pour femmes
protestantes sortant des hôpitaux ou ayant été
malades à domicile; 127, rue de Longchamps.
Admises sans distinction d'âge, elles sont
gardées ordinairement trois semaines. Le séjour
peut être prolongé si leur état l'exige. Un service de placement est organisé, pour le jour de
la sortie, par les dames du comité, dont la pré-

sidente actuelle est Mme Philippe Hottinguer, 14, rue Laffitte. Une crèche y est aussi installée avec berceaux pour les mères qui nourrissent leurs enfants. 80 lits.

Vialas (Lozère). Crèche des Cévennes, reçoit de juin à septembre les enfants dont les chaleurs excessives compromettent la santé.

Président du comité : M. Grotz, pasteur à Nimes.

SUISSE

Baden (Argovie). La commission des bains procure aux malades indigents, sans distinction de culte ni de nationalité, leur entretien et leur traitement à bas prix. Les moins malades sont logés à l'hôtel des Trois Suisses, les autres dans l'hôpital balnéaire (80 lits). Pension 2 fr. par jour, tout compris. Adresser les demandes à M. le président du Bain des pauvres, Baden, Argovie.

Gilly, près Rolle (canton de Vaud). Maison pour convalescence, enfants, filles ou femmes, sans distinction de nationalité ou culte. Fondation Eynard-Lullin. Ouverte pendant six mois. Gratuité. 22 lits.

S'adresser à M⁺⁺ Eynard-Eynard à Beaulieu, près Rolle, ou à la directrice.

Gurnigel (canton de Berne). Bains de Gurnigel. Les indigents sont reçus au prix de 8 fr. 50 par jour.

S'adresser au président du comité au Gurnigel, Berne.

Lavey (Vaud). Hôpital des bains de Lavey. Admission gratuite de Vaudois. Pour les étrangers, 1 fr. 75 par jour. Ouvert du 15 mai ou 15 septembre.

Adresser les demandes au Bureau de secours publics, Lausanne, par l'intermédiaire de MM. les médecins, syndics, pasteurs ou préfets.

Louèche (Valais). Bains de Louèche. Les malades pauvres sont reçus sans distinction de culte ni de nationalité dans l'hôpital nouvellement construit, 80 c. par jour.

S'adresser à la commission administrative.

Pressy, près Vandœuvres (canton de Genève). L'asile de Pressy reçoit des femmes convalescentes, infirmes ou incurables. Ouvert toute l'année sous la direction d'une diaconesse. 30 fr. par mois en été; 35 fr. en hiver.

S'adresser pour les admissions à M. P. Dunant, Puits-Saint-Pierre, Genève.

Schinznach (Argovie). Bains de Schinznach. Tout malade pauvre peut être reçu dans l'établissement des baigneurs pauvres. 2 fr. 15 par jour, 67 lits.

Adresser les demandes à la direction de l'établissement des baigneurs pauvres, Schinznach. Argovie.

Saint-Cergues. Asile pour jeunes filles convalescentes, procure un séjour de montagnes à de jeunes filles maladives ou convalescentes. 14 lits. Age d'admission : 5 à 12 ans, sans distinction de culte ou de nationalité. 20 fr. par mois. Admission gratuite dans des cas spéciaux. Ouvert du 15 juin au 15 septembre, pour deux séries de séjour, de 6 semaines chacune.

S'adresser à Mᵐᵉ Charles Mallet à Frontenex, Genève en hiver, à Jean-des-Bois, par Nyon en été.

Vennes-sur-Lausanne. Asile Boissonnet. Fondé en 1875 à la suite d'un legs de cent mille fr. fait par une dame russe, Mᵐᵉ Boissonnet, en vue de la création d'une maison pour convalescents et valétudinaires, offre un confortable repos aux personnes faibles et anémiques si nombreuses de nos jours. 25 lits. 1 fr. 50 par jour. Président du comité: Dr Recordon.

Vevey. Le Petit Clos, maison pour dames et jeunes filles convalescentes ou délicates, fondée dans le but de les faire jouir, dans des conditions modestes, des avantages qu'offrent les pensions d'étrangers. Prix 1 fr. 50 à 2 fr. par jour. Dix lits. Fondatrice : Mme Couvreu-Micheli.

Yverdon. Établissement pour convalescents, dû à la générosité de Mme la comtesse de Gasparin. Ouvert d'avril en octobre et destiné aux convalescents des deux sexes ayant besoin de prendre les bains d'Yverdon. Adresser les demandes, soit à Mme de Gasparin, au Rivage, près Genève, soit à la directrice, Mlle Bornoz, à Yverdon.

Yverdon possède en outre un comité de dames en faveur des baigneurs pauvres, fondé en 1879 et ayant pour but de procurer le bienfait des eaux d'Yverdon aux indigents qui en ont besoin.

CHARITÉ SUPRÊME

La charité, nous venons de le voir, s'exerce d'une infinité de manières, aussi diverses que les misères qui la sollicitent. Il lui en reste une dernière, et non la moins importante, car n'est-ce pas une suprême satisfaction pour un cœur rempli d'amour envers son prochain déshérité, de voir, moins fragile que sa courte existence, sa charité lui survivre et continuer à sécher des pleurs, à adoucir des infortunes, et sa mémoire conservée par un souvenir béni?

Au moyen de dispositions testamentaires, il est facile de donner aux œuvres qui nous ont intéressés notre vie durant, une preuve matérielle et durable de notre attachement, et de contribuer ainsi à leur prospérité.

Pourtant, il sera bon de connaître, par suite de modifications récemment introduites dans la jurisprudence du Conseil d'État, les formules qui devront servir de guide aux dispositions testamentaires.

Les différents consistoires sont toujours autorisés à recevoir des legs et des donations en faveur du culte.

Sont de même autorisés à recevoir des legs,

tous les établissements charitables reconnus d'utilité publique.

En ce qui concerne les libéralités destinées aux pauvres protestants en général, il conviendra, pour qu'elles ne soient pas détournées du but que le donateur désire atteindre, et que ces dispositions ne se trouvent pas en contradiction avec l'interprétation nouvelle de la loi, d'employer la formule suivante :

«Je donne et lègue aux *pauvres* de l'Église réformée de P** la somme de......, avec la condition expresse que la distribution en sera faite par les soins et sous la sauvegarde de la conscience de M. le président du consistoire qui n'aura aucun compte à rendre à qui que ce soit de l'accomplissement de cette mission toute de complaisance, ce legs devant être considéré comme une charge d'hérédité.»

Quant aux dons en faveur des autres établissements charitables, il sera bon d'employer la formule suivante :

«Je donne et lègue

«Aux enfants admis à l'Asile maternel, 26, rue Clavel, à Paris, la somme de......

«Aux femmes admises dans la Maison de

convalescence, rue de Longchamps, à Passy, la somme de......

« Aux orphelines admises à, etc.

« Avec la condition expresse que la distribution en sera faite par les soins et sous la sauvegarde de la conscience de M. le président du consistoire, qui n'aura aucun compte à rendre à qui que ce soit de l'accomplissement de cette mission toute de complaisance, ce legs devant être considéré comme une charge d'hérédité. »

TRAVAIL DES FEMMES

Nous pensons compléter cette revue de l'activité charitable des femmes sous toutes ses formes, par un court aperçu de leur activité intellectuelle et matérielle dans un but lucratif. L'une tient à l'autre, et la seconde doit être guidée, facilitée par la première, dans toutes les questions de patronage, de protection et de relèvement moral.

Voyons d'abord où en est à présent *la question des femmes.*

La vocation primordiale de la femme est le mariage, la maternité; son centre d'activité naturel comme épouse, mère, fille ou sœur, est le foyer domestique. Au point de vue économique, la question se résout de la même manière, et voici comment M. Frédéric Passy, dans une des séances de la Société d'économie politique (juin 1884), répondait à ce dilemme: «Où la femme, au point de vue économique, est-elle mieux placée, au foyer de la famille, ou dans l'atelier?»

«La vraie place de la femme est au foyer; c'est là qu'elle fait sa véritable tâche, et l'on a ou raison de dire qu'envoyer la femme au dehors, sous prétexte de procurer à la famille plus de ressources, c'est une application fausse de la division du travail...... Une cuisine faite avec intelligence, des achats faits à propos, des effets dont la durée est prolongée par des réparations faites à temps, c'est avec les mêmes ressources, avec des ressources moindres, une situation supérieure.»

«L'art de la femme, c'est, étant donné le budget des recettes, de régler le budget des dépenses, c'est, tandis que l'homme gagne, d'employer le gain», ajouta Jules Simon interrogé sur le même sujet.

Les conditions sociales de la vie moderne en changeant considérablement, ont transformé également la position de la femme et ses aspirations. Alexandre Dumas a remarqué, non sans raison que «la femme commence à ne plus faire du mariage son seul but et de l'amour son seul idéal». Elle est entrée résolument dans la lice, elle prend part d'une manière effective à la lutte pour l'existence et souvent devient le soutien principal de son petit intérieur.

Le nombre des femmes qui ne peuvent pas réaliser l'idéal premier de leur destinée, ou leur vocation naturelle dans son absolue plénitude allant en augmentant, il est essentiel, pour être pratique, pour ne pas faire fausse route, et pour se tenir dans les limites de la réalité, de chercher par quelles réformes des lois ou des mœurs on peut réduire le nombre des femmes appelées au dehors par la nécessité de vivre ou de faire vivre, soit diminuer, en modérant leur tâche et en accroissant leur gain, les inconvénients et les conséquences de cette existence.

Certains esprits pessimistes ne voient pas bien comment corriger les maux engendrés par les conditions sociales actuelles. M. Cheysson, professeur à l'École des sciences politiques, qui se fit entendre après Frédéric Passy et Jules Simon dans le débat mentionné plus haut, voit l'amélioration de cet état de choses. Gladstone a dit que « le plus grand bienfaiteur de l'humanité serait l'inventeur d'une machine retenant la femme au foyer ». M. Cheysson croit à cette découverte et cite les tentatives faites dans ce sens pour utiliser l'air comprimé et raréfié. La mécanique guérira les blessures qu'elle a faites à la petite industrie. (On compte 1 million de femmes dans la petite industrie contre un million et demi dans la grande.)

Au Creuzot, Mme Schneider a introduit l'industrie de la dentelle ; le tressage des paniers

vient de l'être dans une commune de la Nor-
mandie. Un enseignement théorique et pratique
convenablement approprié ouvrirait aux femmes
mille débouchés aujourd'hui inaccessibles à leur
ignorance professionnelle ; des expositions avec
primes et récompenses seraient pour elles d'une
égale utilité.

Dans la grande industrie, c'est au patron à
favoriser la femme restant à son foyer. C'est
ce qu'ont fait Jean Dollfus, le philanthrope
alsacien, et M. Goldenberg père, le fondateur
des grands établissements du Zornhof, qui avait
entièrement renoncé au travail des femmes et
au profit qu'il en tirait, pour leur permettre
de vaquer sans préjudice à leurs devoirs domestiques.

Toujours est-il que, pour le moment, ce desideratum n'est pas près d'être atteint. Depuis
les couches inférieures de la société jusqu'aux
plus élevées, l'activité féminine cherche des
issues, des carrières où se déployer. Le préjugé
contre la capacité de travail des femmes tend
à disparaître de plus en plus ; on voit qu'elle
est incontestable : le tout est de bien la diriger,
et cette capacité doublée de talent leur assure,
en bien des cas, bien davantage que le pain
quotidien.

Nous les trouvons employées comme institutrices, bureaucrates, comptables; dans les arts, dans la littérature, elles ont pris place à côté des hommes, et montrent l'ambition de les égaler comme médecins, avocats même.

Le travail manuel des femmes trouve dans les machines de redoutables adversaires, tout en étant sûr de n'être jamais vaincu par ceux-ci, car sous le rapport artistique, il sera toujours plus parfait, plus varié, supérieur aux productions de la machine, en conséquence plus recherché.

Dans cette brûlante question de l'émancipation féminine, on ne saurait donner tort aux femmes exceptionnelles, jalouses de commencer un combat aussi rude qu'il est inégal. Il faudrait pourtant qu'elles n'oubliassent pas que tout serait perdu pour la femme, si jamais elle perdait son principal apanage : la puissance de sa vocation véritable et la faculté d'en remplir les devoirs.

Personne ne peut contester à la femme le droit de gagner sa vie par un travail honnête; mais l'exercice d'une carrière ne devrait pas entraver l'accomplissement de sa vocation providentielle de compagne de l'homme. Aussi bien que celui-ci, elle a son empire : la grâce

et la dignité féminines ; la bonté, le renoncement, la puissance de sacrifice souvent si remarquables chez les femmes, sont autant de
trésors. Ils ne contribuent pas uniquement à
aplanir, à embellir le sentier rocailleux et épi-
neux de la vie humaine, bien plus : sans eux
l'existence serait impossible.

La femme doit donc rester femme si elle
veut rester indispensable à la société, et tant
qu'elle se sentira indispensable, elle sera heureuse.

Panser les blessés de la vie ; relever ceux
qui sont abattus ; veiller au chevet des malades ;
se consacrer aux autres avec un parfait renoncement ; élever les nouvelles générations,
protéger l'existence physique et morale de l'enfant ; pardonner avec miséricorde ; garder son
cœur pur comme un sanctuaire au milieu du
débordement de l'immoralité et de l'irréligion,
de la haine des partis, voilà l'empire réservé à
la femme, et dont l'homme n'arrivera jamais à
la bannir.

BIENFAITS DU TRAVAIL

On pourrait diviser l'humanité en deux moitiés dont l'une doit aider l'autre; ce ne serait pas ceux qui jouissent, d'une part, ceux qui travaillent, de l'autre, mais bien, d'un côté, ceux qui travaillent pour gagner leur pain quotidien, et de l'autre, ceux qui travaillent à faciliter le gain de leur prochain, à alléger sa dure existence, à l'embellir en cultivant tout ce que l'homme possède de beau, de noble, d'élevé. La plus riche aumône n'égale pas le bienfait du travail assuré à un indigent.

La parole de Dieu : « Tu gagneras ton pain à la sueur de ton front » concerne l'humanité tout entière; aucune classe, aucun individu n'échappe à la loi du travail.

Les maux qu'engendre l'oisiveté sont incalculables, tandis qu'une activité sérieuse réconcilie presque toujours avec l'existence, quelque austère, quelque dépouillée, quelque douloureuse qu'elle soit.

Aussi ne saurait-on suffisamment, dès l'enfance, développer l'amour du travail chez les enfants, leur en donner une habitude si forte, qu'elle en devienne un besoin, comme une seconde nature.

On comprime trop souvent, chez les jeunes filles riches, ce besoin d'une activité sérieuse, bien définie, on l'étouffe par l'agitation d'une vie factice vouée à la mondanité, à la frivolité.

On a trop longtemps basé l'éducation des jeunes filles sur un point de vue des plus étroits, ne les élevant qu'en vue de la société, au lieu de les former tout d'abord pour une vie sérieuse et utile. Les talents d'agrément, les langues étrangères n'étaient cultivés que pour mieux briller dans le monde, donner un agréable dilettantisme.

Une vive et salutaire réaction commence à s'opérer sur ce point; on comprend de plus en plus la nécessité, quelle que soit la position d'une jeune fille, de lui enseigner tout ce qui est utile pour la vie pratique, de cultiver parfaitement toutes ses facultés, afin qu'un revers possible ne la trouve pas désarmée, incapable d'entreprendre la lutte pour l'existence, et ne la livre pas à tous les hasards.

Il serait même sage de compléter toute éducation féminine par un apprentissage professionnel, vu l'importance de savoir à fond et complètement, d'exceller dans un art, une science, un métier. Amener quelqu'un à ce point, c'est lui rendre un service inappréciable, lui procurer un brevet d'indépendance et d'utilité.

Cette nécessité d'armer la jeune fille pour le combat de la vie, si elle est souvent insuffisamment appréciée dans les classes aisées, l'est, chose extraordinaire, souvent moins encore parmi le peuple. C'est aux dames charitables d'éclairer en cette matière leurs sœurs plus humbles, de chercher à combler cette lacune et de veiller à ce que toute fille, toute femme du peuple ait l'occasion d'apprendre à fond un métier pour pouvoir honorablement se suffire. Contribuer ainsi au relèvement économique de son sexe, c'est travailler à son relèvement moral en même temps que remplir un devoir de charité chrétienne.

La portée de ce genre d'assistance est vaste; il renferme en germe la solution de la question des femmes, partout où la misère sera domptée par la faculté de travail.

Cette question ouvre un champ immense à notre activité en nous offrant la facilité journalière de faire valoir ce «talent» confié par Dieu, et d'accomplir, sous son regard, une belle œuvre d'un intérêt général et humanitaire.

PROFESSIONS FÉMININES

«Ce qui importe le plus à la vie, a dit Pascal, c'est le choix d'un métier.» C'est bien vrai, de nos jours surtout où, vu notre état social, un nombre grandissant de femmes est forcé de travailler. Souvent le travail de l'homme ne suffit pas, souvent la santé, le courage font défaut, ou bien la femme, veuve ou célibataire, est obligée de tirer parti de ses forces physiques ou intellectuelles.

Nous pensons, comme Jules Simon, que «le travail doit être respecté partout au nom de la liberté et qu'il doit être favorisé partout au nom de l'humanité». Ce motif nous pousse à terminer ce Manuel par une nomenclature des professions accessibles aux femmes, accompagnée de quelques renseignements sur l'apprentissage qu'elles exigent, le gain qu'elles peuvent rapporter, car souvent, faute de temps et de lumières, on ne choisit même pas. Dans les professions libérales, c'est le brevet d'institutrice qui est le plus recherché; dans les manuelles, c'est l'aiguille qui l'emporte de préférence. La carrière de l'enseignement n'offrira bientôt plus les mêmes facilités, car le nombre de brevets délivrés annuellement devient effrayant; cette pléthore d'institutrices soulèvera dans un temps prochain des difficultés extrêmes.

Voici quelques chiffres qui permettront de juger à fond la situation; ils nous sont fournis par la statistique officielle de 1885, la plus récente en date; mais ce retard importe peu, attendu que les chiffres vont toujours en augmentant.

Le nombre des jeunes filles qui se sont présentées dans les 87 départements français pour le *brevet élémentaire* seul, en 1885, a été de 43,631, sur lesquelles 21,762 ont été reçues soit environ 50 p. 100.

Pour le *brevet supérieur*, le nombre des candidates a été de 7725 sur lesquelles 3030 ont été reçues soit 44 p. 100. Cette seule année 1885 a donc amené devant les jurys d'examen 51,356 jeunes filles postulantes au brevet d'institutrice, sous l'une ou l'autre forme, sur lequel total 24,792 l'ont obtenu. Voilà donc, en une seule année, 24,790 institutrices possibles, dont 3633 ont été fournies par le département de la Seine à lui tout seul!

Et maintenant, combien y en a-t-il, sur ces jeunes filles ayant subi victorieusement les examens, qui se destinent réellement à la carrière de l'enseignement et ont demandé des places d'institutrices dans les écoles? Faute de statistique officielle, et d'après des bases sérieuses d'appréciation, on considère que les deux tiers au moins des jeunes filles munies d'un brevet supérieur se destinent effectivement à la carrière de l'enseignement. Au contraire, un dixième seulement des jeunes filles, munies d'un brevet élémentaire, se destinent à la carrière de l'enseignement public dans les écoles.

On estime ainsi, d'une manière à peu près exacte, que dans la seule année 1885, 4200 jeunes filles se sont déclarées candidates effectives à des emplois de maîtresses dans les écoles. Or il y a en France, d'après la dernière statistique publiée, 22,313 écoles (publiques et libres) dirigées par des femmes occupant un personnel de 34,217 maîtresses. On compte que chaque année il y a un vingtième au plus de vacances, soit 1700 environ. Il suit de là que le nombre des postulantes aux places est de plus du triple des vacances probables.

Cette conclusion donne à réfléchir et montre la nécessité d'ouvrir au travail féminin des carrières toujours plus nombreuses et plus variées.

Une conquête nouvelle, en ces matières,

c'est la profession médicale; elle date de 1866,
car en cette année-là, une Française, Mme Brès,
obtint la première de prendre ses inscriptions.
Mais ce n'est qu'en 1882 que les femmes ont
obtenu l'accès à l'externat des hôpitaux, et en
1885 l'autorisation de prendre part aux concours de l'internat. Les deux premières internes
admises ont été Mlle Edwards, Française, et
Mlle Klumpke, Américaine. Cette année-ci
Mlle Wilboutchewitch a triomphé dans le concours de l'internat.

L'Europe orientale fournit le plus d'étu-
diantes en médecine, car en Russie le recours
à la femme-médecin est entré dans les mœurs,
comme aux États-Unis, où 3005 femmes exercent
la médecine.

En France on s'accoutume lentement à l'idée
de la femme-médecin, combattue par les préjugés courants aussi bien que par les sommités
médicales; on l'a vu à la façon peu chevale-
resque, ironiquement jalouse dont M. Charcot a
accueilli et critiqué la thèse si brillamment développée par Mlle Schultze, sur l'avenir de la
femme-médecin (13 déc. 1888).

A cette heure pourtant, seize femmes exercent
la médecine à Paris, dont douze exerçaient
déjà l'année dernière et quatre ont été reçues

16

docteurs depuis la rentrée de la Faculté. Les douze premières sont : Mmes Benoît, Bourchier, Brès, Brodhurst, Coûta, Danel, Gache-Sarrante, Guénot, Kraft, Perrée, Solier et Verneuil. Les quatre dernières sont : Mlle Goldspiegel, reçue le 31 octobre 1888 ; Mlle Schultze, le 13 décembre 1888 ; Mlle Edwards, le 23 janvier 1889 ; Mlle Chopin, le 25 janvier 1889. Il y a aussi Mlle Mesnard à Bordeaux, Mme Ikatscheff à Montpellier, Mme Herodinoff à Nice.

De toutes ces doctoresses quelques-unes font la clientèle ordinaire ; l'une est spécialiste pour les maladies de la gorge ; deux s'occupent d'accouchements et de maladies de grossesse ; quatre des maladies des femmes et des enfants. C'est dans ce dernier choix que réside évidemment l'avenir de la femme-médecin, la manière dont elle pourra rendre les plus grands services et convaincre ses adversaires.

Un autre essai a été tenté récemment en Belgique, mais sans avoir gain de cause. Mlle Marie Popelin, après avoir fait ses études de droit, a demandé à être admise à prêter serment comme avocat. La première chambre de la cour de Bruxelles s'est prononcée contre cette demande, le 12 décembre 1888, parce que la loi, d'accord avec les mœurs, n'admet pas que la femme

exerce la profession d'avocat et puisse faire
pour autrui ce qui lui est interdit pour elle-
même. Nous ne saurions prévoir ce que l'avenir
décidera à ce sujet. En attendant, une femme
ne pourrait-elle utiliser ses connaissances en
droit en faveur de ses semblables si ignorantes
à leur détriment, pour ce qui concerne le code,
et leur ouvrir un cabinet de consultations?

Les professions manuelles offrent plus de
choix que les vocations libérales, mais avec
d'autres inconvénients. Le travail qu'elles pro-
curent peut se diviser en trois catégories: le
travail isolé, la petite et la grande industrie.
Le travail isolé est le seul qui convienne aux
femmes et leur permette véritablement d'être
épouses et mères, mais il devient malheureusement plus rare et plus improductif. Turgot
déjà, dans le célèbre édit de 1772, accuse avec
raison les lois qui depuis le treizième siècle ré-
gissent l'industrie, de condamner les femmes à
une misère inévitable, de seconder la séduction
et la débauche, et ce n'est que tout récemment
qu'on s'est avisé finalement que « le travail n'a
pas de sexe » (F. Passy), et que rien n'est plus
injuste que la fâcheuse dépréciation du travail
féminin qui a cours. Le même travail, exécuté
de la même manière, fini pareillement et dont

la valeur est identique pour ceux qui le rétri-
buent, ne doit pas être moins payé puisque
c'est une femme et non un homme qui l'a fait.
C'est à ce point de vue que les syndicats de
femmes constitués avec mesure et intelligence
pourraient rendre des services inappréciables.
Il n'y a encore que les blanchisseuses et quelques autres corps de métiers qui en possèdent.
Des propositions ont été faites pour admettre les
femmes dans les syndicats d'hommes, dans le
syndicat des ouvriers céramistes, par exemple,
mais cette idée, fort juste, du reste, n'a pas
trouvé encore suffisamment de partisans pour
être exécutée.

Nous avons dit déjà plus haut que les machines ne font pas au travail féminin tout le
tort qu'on pourrait croire à première vue; elles
ont certainement changé la répartition du
travail. « Les machines faisant les gros ouvrages
(lisons-nous dans le beau livre de M. Leroy-
Beaulieu, *Le travail des femmes au dix-neuvième
siècle*, dont nous recommandons vivement la
lecture à toutes celles qu'intéresse cette question capitale), le rôle de la surveillance, de
l'attention, de l'habileté devient de plus en
plus accentué. Or la femme est aussi capable
d'habileté, d'attention, de surveillance que

l'homme lui-même; elle lui est même parfois supérieure. »

Une autre cause de nivellement, c'est le travail des pièces ou à la tâche, devant lequel s'efface l'inégalité des sexes, car chacun y est payé suivant ses œuvres.

Pour la femme l'enseignement domestique est plus important que l'enseignement scolaire et devrait partout être combiné avec l'enseignement professionnel reçu dans les *écoles professionnelles,* qui se sont fondées partout pour éviter aux jeunes filles les dangers de l'apprentissage. En 1862, sous la direction de Mᵐᵉ Élisa Lemonnier, se sont ouvertes plusieurs de ces écoles pour préparer les jeunes filles aux professions industrielles et commerciales. Nous en trouvons quatre à Paris, rue des Francs-Bourgeois, rue de Laval, rue d'Assas, rue de Reuilly, comptant 500 élèves externes. L'enseignement dure trois ans; il faut avoir douze ans pour être admise, et passer un examen avant la sortie. On paie 12 fr. par mois pour suivre tous les cours; 10 fr. pour un cours spécial. Il y a 8 cours spéciaux : le commerce, le dessin industriel, la confection, la lingerie, la fabrication des fleurs artificielles, la gravure sur bois, la peinture sur porcelaine, la peinture sur stores. Un comité de patronage suit les anciennes élèves après leur sortie. Beaucoup d'entre elles sont très recherchées et arrivent à gagner annuellement 1500, 1800, 2000, 3000 fr. même comme comptables ou caissières. D'autres, par la gravure sur bois, gagnent en travaillant pour les journaux illustrés et de modes, 5, 8, 10 fr. par jour. D'autres deviennent professeurs ou artistes et arrivent à un revenu de 5 à 6000 fr.

L'*École professionnelle pratique*, rue Hauteville, a été fondée en 1871; elle compte 170 élèves.

Des cours de comptabilité pour femmes existent à Paris rue Volta, rue Trudaine, rue Boursault, rue des Écuries d'Artois. L'enseignement comprend l'application de l'arithmétique à la comptabilité, la tenue des livres, les éléments du droit commercial, la langue anglaise et des lectures tirées de l'histoire nationale et des grands écrivains français. Des certificats d'études sont délivrés et utilisés pour obtenir des emplois que procure l'intervention bienveillante de la Chambre de commerce. Les femmes sont particulièrement aptes au commerce; elles ont l'esprit vif et se transforment rapidement en commis ponctuels.

Mentionnons aussi la *Société pour l'enseigne-*

ment professionnel des femmes, dont la secrétaire générale, Mlle Toussaint, vient d'être nommée officier d'Académie.

A Lyon nous trouvons des *Cours supérieurs d'enseignement commercial* pour les jeunes filles, dont la directrice, Mlle Élise Luquin, est lauréat de l'Académie française et a reçu en 1888 un prix de 1200 fr. pour ses ouvrages sur l'enseignement professionnel des jeunes filles.

Citons encore l'*École municipale Drouot,* à Nancy, excellente école professionnelle qui a pour but de former des ouvrières et de perfectionner leur instruction. L'enseignement y est entièrement gratuit et dure trois ans. Pour y être admises, les jeunes filles doivent avoir treize ans révolus. L'enseignement professionnel comprend : la couture, la lingerie, la coupe et la confection des vêtements de femmes et d'enfants, le repassage, la cuisine et la tenue du ménage. Les matières de l'enseignement intellectuel sont : la langue française, le calcul, la tenue des livres, l'histoire de France, la géographie, le dessin industriel, l'hygiène et l'économie domestique.

A midi, les élèves prennent un repas fourni par l'école. Toutes celles de première année indistinctement sont mises à la couture du linge et font trois heures de repassage par semaine. A partir de la deuxième année, chacune, suivant ses aptitudes et le but qu'elle se propose, est spécialement attachée à l'un des ateliers.

A la fin de l'année scolaire, il est accordé aux élèves les plus méritantes des récompenses consistant en livres de prix et en livrets de caisse d'épargne.

L'*École des arts industriels* de Mulhouse offre aux jeunes filles le moyen de se perfectionner principalement dans les arts appliqués à l'industrie, mais elle comprend également des cours de couture et de comptabilité. On paie 10 fr. par mois et par cours. Les études y durent trois ans. A sa sortie, l'élève reçoit un certificat de capacité.

L'*Académie professionnelle* de Genève comprend dans son programme : la calligraphie, le dessin, la couture à la machine, la coupe et la lingerie, la confection pour vêtements de dames et d'enfants. On paie 1 fr. par cours, plus un droit d'inscription. Cette ville possède en outre une *École professionnelle* dont l'enseignement se borne à des cours de coupe, de couture et de lingerie et parfois un cours culinaire. La durée du cours est de 2 ans. On paie 12 fr. par an.

L'*École professionnelle de Vevey* est à peu près

semblable, mais enseigne en plus la comptabilité, la coupe et la confection des vêtements.

On ne saurait mieux contribuer à l'amélioration du sort de la femme qu'en multipliant ces utiles institutions. Le simple travail manuel n'est guère rétribué, c'est l'invention, l'exécution parfaite, le talent. Le meilleur moyen de donner de la valeur à la femme consiste à l'instruire, à développer ses facultés, afin qu'elle excelle et puisse substituer la qualité à la quantité du travail.

PROFESSIONS LIBÉRALES

Sous cette rubrique nous allons passer en revue par ordre alphabétique les emplois ou fonctions accessibles aux femmes dans les administrations, dans l'enseignement, dans l'industrie ou le commerce, enfin tout ce qui, à proprement parler, ne rentre pas dans les métiers, les professions manuelles.

BANQUE DE FRANCE

La Banque de France à Paris occupe un certain nombre de dames et de jeunes filles à trier, classer et mettre en liasse les billets récemment imprimés ou ceux appelés à disparaître de la circulation. Pour ces travaux, tout de confiance, le personnel féminin est recruté principalement parmi les veuves, filles ou sœurs de fonctionnaires et parmi celles de ses propres employés.

Traitement de 1200 à 1800 fr. par an. Heures de travail de 9 heures du matin à 4 heures du soir.

CHEMINS DE FER

Les compagnies de chemins de fer françaises emploient à leur service, à divers titres, des femmes ou des jeunes filles. Ce personnel est presque exclusivement recruté parmi les femmes, filles, sœurs ou veuves des employés de ces administrations, comme :

1° *Employées de bureau;* rétribution 60 à 120 fr. par mois. Age maximum d'admission, 30 ans.

2° *Employées comme chefs de petites stations dites haltes.* Les femmes occupées à ce service ont, en outre, le plus souvent, la garde d'une barrière ou passage à niveau touchant à leur habitation.

Traitement de 300 à 1500 fr. par an.

3° *Receveuses.* Les fonctions de receveuse, chargée de délivrer les billets au public sont souvent confiées à des femmes.

Quand la receveuse est titulaire, responsable de sa gestion son traitement, rarement inférieur à 1000 fr., peut s'élever à 2500 ou 3000 fr. par an. Quand la receveuse n'est qu'une auxiliaire placée sous la direction et la vérification d'un comptable elle ne reçoit qu'une indemnité de 150 à 600 fr. par an.

4° *Gardes-barrière.* Cet emploi ne convient qu'à la femme d'un employé subalterne.

5° *Gérantes des bibliothèques.* Ces gérantes ne font pas partie du personnel des chemins de fer ; elles sont choisies par la maison Hachette et Cie à Paris, concessionnaires des bibliothèques des chemins de fer.

COMMERCE

Dans la plupart des villes de province, et pour les magasins de mercerie, lingerie, gants, modes, fleurs et plumes, la durée moyenne de l'apprentissage de demoiselle de magasin est de un à deux ans. La jeune fille est presque partout nourrie et logée par ses patrons, mais ne reçoit pas d'appointements. Parfois même elle paie une prime d'apprentissage de 100 à 300 fr.

Les *caissières* s'adonnent exclusivement à la comptabilité de la maison ; c'est un poste de confiance généralement rétribué d'une manière convenable mais fixe.

L'emploi de *vendeuse*, généralement assez pénible, surtout dans les grands magasins des grandes villes, offre une compensation par le bénéfice accordé sur la vente des articles du rayon.

Dans les grands magasins de Paris, tels que le Louvre, le Bon Marché, etc., les femmes peuvent arriver à des positions de 4 à 5000 fr., de 10,000 même comme chef de comptoir.

Le Bon Marché compte en général à lui seul un personnel de 300 dames ou demoiselles, vendeuses ou caissières internes. Dans aucun autre établissement commercial il n'a été pris un ensemble de dispositions aussi heureux, aussi avantageux pour une jeune fille sans fortune. Pourtant il est impossible d'y obtenir une indépendance relative, le personnel étant logé dans la maison. La profession de maîtresse confectionneuse ou couturière travaillant pour la maison est plus avantageuse à ce point de vue.

CRÉDIT FONCIER DE FRANCE

Comme la Banque de France, le Crédit foncier de France, à Paris, emploie un certain nombre de dames, dont les occupations consistent, soit à copier des lettres, tenir des registres de correspondance ou autres, soit à numéroter, trier, classer des titres, valeurs, etc.

Les aspirantes sont admises, au fur et à mesure des vacances ou des besoins du service, d'abord comme auxiliaires. Elles reçoivent en cette qualité une indemnité de 3 fr. par jour. Admises comme employées titulaires, leur traitement est de 1000 fr. par an.

DENTISTES

C'est une carrière dans laquelle on commence à rencontrer des femmes comme auxiliaires de leur frère ou de leur mari ou comme employées à la fabrication des dentiers. Des dames décidées à se vouer à cette profession devront acquérir auparavant de sérieuses connaissances spéciales. Elles feront d'abord un stage chez un praticien, moyennant une prime d'apprentissage de 300 à 400 fr. Pour apprendre la fabrication des dentiers en ivoire, en caoutchouc, en celluloïde et se mettre bien au courant de toutes les opérations d'extraction et d'obturation, elles fréquenteront une université américaine (Philadelphie, Boston, New-York Collège of Dentistry) pour y obtenir au bout de deux ans un diplôme de docteur. Les frais, y compris les voyages d'aller et de retour, peuvent être estimés à 12,000 fr.

DESSIN

L'école nationale de dessin pour les jeunes filles, rue de Seine, 10, à Paris, a pour objet de former les jeunes filles à l'enseignement du dessin et à l'exercice des industries relevant de l'art. Il comporte un enseignement spécial approprié aux professions auxquelles se destinent les élèves. L'enseignement est gratuit; outre les cours généraux, il comprend des cours spéciaux de sculpture, de peinture à l'eau, à l'huile, à la colle; de peinture sur porcelaine, sur faïence, sur verre, en émail, de gravure à l'eau forte, de gravure sur bois, etc.

Pour être admises à l'école, les jeunes filles doivent avoir douze ans révolus et vingt-cinq ans au plus. Le régime en est l'externat gratuit. Afin de faciliter le séjour et l'existence à Paris des bonnes élèves de l'école, sans fortune, il a été fondé des bourses à leur profit, dont moitié est réservée à celles des élèves qui se destinent à l'enseignement. Elles sont de 200, de 300, de 400 fr.

Il existe à Paris un grand nombre de cours ayant pour objet l'enseignement du dessin industriel; de même en province, à Angers, à

Bordeaux, à Lille, à Lyon, à Saint-Étienne, à Saint-Quentin, à Valenciennes, etc., c'est-à-dire dans tous les grands centres industriels de France. Ces cours s'appliquent plus particulièrement, dans chaque ville, aux industries spéciales de la région. Les élèves qui obtiennent des succès dans leurs études de dessin peuvent trouver une occupation lucrative[1].

Les personnes qui se jugent en état de professer le dessin peuvent le faire librement; nul diplôme n'a été exigé jusqu'à ce jour. Pourtant un décret du 6 avril 1880 ayant institué un certificat d'aptitude à l'enseignement du dessin, les jeunes filles qui en sont munies obtiendront la préférence.

DOCTORAT EN MÉDECINE

Les études pour obtenir le diplôme de docteur en médecine durent au moins quatre ans; elles peuvent être faites pendant les trois premières années, soit dans les Facultés, soit dans les écoles de plein exercice, soit dans les écoles

---

[1] La Manufacture nationale de Sèvres occupe un certain nombre de femmes comme artistes découpeuses de dessins, décalqueuses, peintres de fleurs.

préparatoires de médecine. Les études de qua-
trième année ne peuvent être faites que dans
une Faculté.

Les aspirantes doivent produire, au moment
où elles prennent leur première inscription, le
diplôme de bachelier ès lettres et le diplôme
de bachelier ès sciences, restreint pour la partie
mathématique.

Elles prennent seize inscriptions trimestrielles, subissent cinq examens à des intervalles
divers et soutiennent une thèse à leur choix, à
la fin de leurs études.

Les droits d'examen, de travaux matériels,
de certificats d'études, de thèse et de diplôme
s'élèvent pour la durée totale des études à la
somme de 840 fr.

ENSEIGNEMENT

ÉCOLES MATERNELLES ET ENFANTINES

Les écoles maternelles ou salles d'asile, créées pour les enfants des deux sexes de deux à six ans, ne peuvent être dirigées par une maîtresse de moins de 21 ans accomplis; elle doit être pourvue du certificat d'aptitude à la direction des écoles maternelles. La sous-directrice doit être pourvue du même brevet et avoir au moins dix-huit ans.

Les traitements sont de 700 à 900 fr. pour les directrices, de 600 pour les sous-directrices. Le brevet élémentaire de capacité leur vaut 100 fr. de plus; le brevet supérieur 200 fr. de supplément.

Des cours normaux pour les aspirantes au certificat d'aptitudes pour les écoles maternelles sont annexés dans chaque département aux écoles normales primaires d'institutrices. Le régime en est l'externat; l'enseignement est gratuit et dure un an.

L'école Pape-Carpentier, à Sceaux, est chargée de former les aspirantes aux emplois de directrice et professeurs-femmes de ces cours normaux.

Le traitement de ce personnel de direction et d'enseignement varie de 1500 à 4000 fr. selon les titres universitaires, les emplois occupés, l'ancienneté des services.

ÉCOLES PRIMAIRES

Aux termes de la loi du 16 juin 1881, nulle ne peut exercer les fonctions d'institutrice titulaire ou d'institutrice adjointe chargée d'une classe, dans une école publique ou libre, sans être pourvue du brevet de capacité pour l'enseignement primaire.

Les titres de capacité comprennent : le brevet élémentaire, le brevet supérieur, le certificat d'aptitude pédagogique.

Les jeunes filles pourvues du brevet élémentaire peuvent être appelées à un emploi d'institutrice adjointe ; elles sont logées et reçoivent un traitement qui ne peut être inférieur à 600 fr. pour les écoles communales, à 650 fr. pour les écoles de hameau. Elles ne peuvent être nommées à titre définitif institutrices communales qu'à 21 ans accomplis, leur minimum de traitement s'élève alors à 700 fr. par an (3e classe) pour être porté ensuite à 800 fr. (2e classe) et à 900 fr. (1re classe).

Dans un grand nombre de communes, il est alloué sur les fonds municipaux un supplément de traitement aux institutrices. En Algérie le traitement minimum est de 1000 fr. pour les adjointes, de 1200 fr. pour les institutrices titulaires.

Le brevet supérieur donne droit à un émolument fixe de 100 fr. qui vient s'ajouter au traitement annuel des institutrices, titulaires ou adjointes, appartenant à l'instruction primaire publique.

Le *certificat d'aptitude pédagogique* est un titre complémentaire du brevet de capacité de premier et de deuxième ordre; il est destiné à constater plus particulièrement l'aptitude des institutrices à la direction des écoles publiques comprenant plusieurs classes et donne seul droit à occuper les postes supérieurs de l'enseignement primaire où les maîtresses arrivent à une situation de 2000 fr. et au-dessus.

Chaque département possède une *école normale primaire* d'institutrices, dont le régime est l'internat gratuit. Les aspirantes doivent prendre l'engagement de se vouer pendant dix ans à l'enseignement public.

Afin d'assurer le personnel de directrices et de professeurs-femmes des écoles normales, il a été créé à Fontenay-aux-Roses une *École normale primaire supérieure.*

Cette école se recrute par voie de concours; la durée des études est de deux ans; l'internat gratuit est le régime de l'école. Les aspirantes doivent être âgées de 20 ans au moins, de 25 ans au plus. Elles contractent l'engagement de servir pendant dix ans dans l'enseignement public.

Il est possible à une jeune personne instruite de se présenter directement, sans passer par l'école de Fontenay-sous-Bois, aux examens pour la direction et l'enseignement des écoles normales primaires, emplois très convenablement rétribués.

Conformément au décret du 23 décembre 1882, les femmes sont admises aux examens du certificat d'aptitude à l'inspection de l'enseignement primaire des écoles de filles et des écoles maternelles. Les aspirantes doivent avoir 25 ans et un certificat d'aptitude au professorat.

LYCÉES ET COLLÈGES DE JEUNES FILLES

D'après la loi du 21 décembre 1880, les établissements destinés à l'enseignement secondaire des jeunes filles se sont rapidement fondés par toute la France.

Cet enseignement comprend 5 années d'études divisées en deux périodes, la première de 3 années, la seconde de 2 années. A la fin de la première est délivré un *certificat d'études secondaires;* à la fin de la deuxième *un diplôme de fin d'études secondaires,* tous deux à l'élève ayant subi avec succès un examen. Une sixième année pourra être ajoutée à ce cours normal d'études : elle aura pour objet de préparer à des écoles ou à des carrières spéciales.

Des bourses d'enseignement secondaire sont entretenues par l'État, par les départements et par les communes, dans les lycées et collèges de jeunes filles. Les bourses entières ou par fractions ne sont accordées qu'après enquête sur l'insuffisance de fortune de la famille. Elles sont conférées aux enfants qui se sont fait remarquer par leurs aptitudes, et particulièrement à celles dont la famille a rendu des services au pays.

Les aspirantes à ces bourses doivent justifier par un examen préalable qu'elles sont en état de suivre la classe correspondant à leur âge.

L'école normale de Sèvres a été instituée en vue de former des directrices et des professeurs-femmes pour les lycées et collèges de jeunes filles. Elle est recherchée de nombreuses aspirantes, car elle assure une carrière séduisante et bien rétribuée. Les traitements sont en effet fixés au minimum :

De 5000 fr. pour les directrices des lycées;

De 3500 fr. pour les directrices des collèges;

De 3000 fr. pour les professeurs-femmes des lycées;

De 2500 fr. pour les professeurs-femmes des collèges.

Les aspirantes à l'École normale secondaire de Sèvres doivent être âgées de moins de 30 ans et justifier soit du brevet supérieur de l'instruction primaire, soit d'un diplôme de bachelier ou d'un diplôme d'études de l'enseignement spécial avant de passer un examen spécial. Le régime de cette école est l'internat gratuit. La durée des études est de trois ans.

MAISONS D'ÉDUCATION DE LA
LÉGION D'HONNEUR

Le personnel d'administration et d'enseignement des maisons d'éducation de la Légion
d'honneur (Saint-Denis, Écouen et les Loges)
se compose :

D'une surintendante à 10,000 fr. de traitement (Saint-Denis).

De deux intendantes à 5000 fr. (Écouen et
les Loges).

De dix directrices des études, sous-directrices,
secrétaire générale, surveillante générale, dames
économes, etc., de 2500 à 3500 fr.

De soixante dames institutrices et suppléantes,
de 1500 à 2000 fr.

De vingt dames, maîtresses de lingerie, de
musique, de dessin, etc., de 1200 à 2000 fr.
De vingt dames stagiaires.

Les conditions requises sont, pour une institutrice, le brevet de capacité élémentaire et le
brevet supérieur.

La maison de Saint-Denis reçoit les filles des
membres de la Légion d'honneur du grade de

capitaine en activité de service et au-dessus, ou d'une position civile équivalente.

Les succursales d'Écouen et des Loges reçoivent : la première, les filles de légionnaires du grade de capitaine en retraite, lieutenant, sous-lieutenant ou d'une position civile équivalente; la seconde, les filles de légionnaires du grade de sous-officier et soldat, ou d'une position civile équivalente.

Le prix de la pension est fixé à 1000 fr. par an pour Saint-Denis, non compris 300 fr. de première mise de trousseau.

A Écouen et aux Loges le prix de la pension est de 700 fr. et 250 fr. de première mise de trousseau.

Chacune de ces maisons d'éducation est pourvue de bourses nombreuses et de demi-bourses.

ENSEIGNEMENT LIBRE

Une institutrice libre ou privée peut ouvrir une école primaire libre à ses frais. Elle doit être âgée de vingt-un ans accomplis et être pourvue d'un brevet de capacité de l'enseignement primaire.

Celle qui désire ouvrir un pensionnat doit

être âgée de vingt-cinq ans accomplis et justifier de cinq ans d'exercice dans un pensionnat primaire.

On désigne sous le nom de *sous-maîtresses* les institutrices adjointes chargées d'une classe dans un établissement libre d'instruction · primaire, externat ou pensionnat.

Nourries et logées dans l'établissement, les sous-maîtresses reçoivent des appointements très variables, de 300 à 800 fr. par an en général.

Reste enfin la catégorie des jeunes personnes qui, avec ou sans diplôme, s'occupent de l'éducation des jeunes enfants dans une maison particulière. Ces institutrices reçoivent parfois le nom de gouvernantes.

Elles occupent dans la maison une situation intermédiaire qui a des côtés agréables, mais n'est pas exempte de difficultés. Elles sont généralement bien rétribuées, surtout si elles parlent quelques langues vivantes, sont bonnes musiciennes et consentent à s'expatrier.

HERBORISTES

On ne trouve guère d'herboristes que dans les grandes villes. La spécialité de cette profession, c'est la vente en gros des plantes médicinales. Nul ne peut l'exercer sans avoir subi un examen préalable sur la connaissance des plantes médicinales et sur les moyens employés pour leur dessiccation et leur conservation. Il y a des herboristes de première et de deuxième classe. Le diplôme de première classe est valable pour toute la France; celui de deuxième classe pour un seul département.

Les aspirantes doivent être âgées de vingt-un ans accomplis.

MUSIQUE

Le droit de professer la musique dans les familles et les établissements d'instruction n'est subordonné à la justification d'aucun diplôme ou brevet spécial. Aussi cette carrière est-elle très courue et encombrée de médiocrités. Pour arriver plus aisément, il faut avoir fait de bonnes études à un conservatoire ou à une école de musique, ou avoir suivi avec succès les leçons d'un maître connu.

Le *Conservatoire de musique et de déclamation*, 15, rue du Faubourg-Poissonnière, à Paris, est consacré à l'enseignement gratuit de la musique vocale et instrumentale et de la déclamation dramatique et lyrique. Son enseignement se

divise en neuf sections: 1° solfège et théorie
musicale; 2° harmonie, orgue et composition;
3° chant, déclamation lyrique; 4° piano, harpe;
5° instruments à archet; 6° instruments à vent;
7° classes d'ensemble; 8° lecture à haute voix;
9° histoire générale de la musique, histoire et
littérature dramatiques.

Il n'y a que des élèves externes. On n'est
admis élève que par voie d'examen et de concours. Il faut avoir neuf ans au moins et vingt-
deux ans au plus.

Le Conservatoire national a des succursales
à Dijon, à Lille, à Lyon, à Nantes, à Toulouse.

Il y a également un *conservatoire de musique*
à Strasbourg et un à Genève, et à Lausanne un
institut de musique où l'on peut faire de bonnes
études musicales.

OFFICIAT DE SANTÉ

Le grade d'officier de santé est beaucoup
plus facile à acquérir que celui de docteur en
médecine, mais dans les campagnes son rôle est
presque aussi important, quoiqu'il ne puisse,
pour certaines opérations de médecine ou de
chirurgie, procéder sans le concours d'un
docteur.

Pour commencer les études médicales en vue de l'officiat, l'aspirante devra avoir dix-sept ans révolus et être munie d'un diplôme de bachelier ou simplement d'un certificat de grammaire. Ces études durent trois ans; les cours obligatoires peuvent être suivis soit dans une faculté, soit dans une école de médecine de plein exercice.

L'aspirante doit prendre douze inscriptions pendant ces trois ans. Après la première et la deuxième année de cours, les élèves doivent passer un examen de fin d'année. A la fin de la troisième année, deux derniers examens dits de validation confèrent le diplôme. Ce diplôme n'est pas valable pour toute la France, mais seulement pour le département pour lequel il a été obtenu et accordé.

PHARMACIE

L'exercice public de la pharmacie par des femmes est plus rare encore en France que celui de la médecine, et pourtant cette carrière convient admirablement à leur sexe, et les difficultés pour l'obtention du diplôme sont moindres surtout pour celui de deuxième classe.

Pour la première classe, l'aspirante doit être bachelier; pour la deuxième classe, avoir le certificat de grammaire. Les études durent six ans, dont trois de stage officinal et trois de cours suivis soit dans une école supérieure de pharmacie, soit dans une faculté mixte, soit dans une école de plein exercice.

Les études pour obtenir le diplôme de deuxième classe durent également six ans, trois de stage, trois de cours, mais les cours peuvent être suivis dans une école préparatoire de médecine et pharmacie seulement.

Leur examen de validation de stage passé et pour suivre les cours dont il a été parlé plus haut, les élèves doivent prendre douze inscriptions trimestrielles et passent des examens annuels et deux examens de fin d'étude.

Le diplôme de pharmacienne de première classe donne droit à l'exercice de la pharmacie dans toute la France; celui de pharmacienne de deuxième classe ne donne ce droit que pour le département pour lequel il a été obtenu.

POSTES

L'administration des postes occupe en France un assez grand nombre de femmes à divers titres, savoir:

1° Comme *receveuses*. Nulle ne peut être

nommée titulaire si elle n'est âgée de vingt-cinq
ans au moins, de trente-cinq au plus. Ce sont
principalement les femmes, filles ou sœurs d'an-
ciens employés de l'État. Elles doivent subir
un examen d'aptitude, et justifier de la connaissance du service télégraphique. Elles touchent
un traitement de 1100 à 1200 fr. grossi d'une
indemnité de logement et peuvent arriver jusqu'à 1800 fr.

Les aides et gérantes sont employées comme
auxiliaires ou intérimaires.

Les employées du service des postes à Paris
doivent être âgées de dix-huit ans au moins,
de trente-cinq ans au plus, jouir d'une bonne
vue et d'une bonne santé. Elles sont admises
par voie de concours et, après un stage professionnel, sont appelées, au fur et à mesure des
vacances et à titre d'auxiliaires, avec un traitement de début de 1000 fr. par an. Une fois
titulaires, elles peuvent obtenir des augmentations successives de 100 fr.

PRISONS

Les emplois de *surveillantes des prisons* ne sont
pas très nombreux ni très avantageux. Dans les
maisons d'arrêt, de justice et de correction elles

reçoivent un traitement de 300 à 500 fr. par
an. Dans les prisons de la Seine le traitement
est d'environ 1000 fr. par an, ainsi que dans
les maisons centrales, où il peut monter jusqu'à
1200 fr.

Pour être surveillante des prisons il faut être
âgée au moins de vingt-un ans, justifier d'une
moralité irréprochable et jouir d'une bonne et
robuste constitution.

SAGES-FEMMES

Il y a des sages-femmes de première et de
deuxième classe, avec diplôme particulier à chacune de ces classes. Celui de première classe
est valable pour toute la France, celui de
deuxième classe pour un département seulement.
Dans le premier cas les frais d'examen montent
à 130 fr., à 25 fr. seulement dans l'autre.

Les facultés de médecine de l'État délivrent
seules, après examen, les diplômes de première
classe; les écoles de médecine de plein exercice
ou préparatoires ne peuvent délivrer que les
diplômes de deuxième classe.

Les aspirantes doivent avoir dix-huit ans au
moins et trente-cinq ans au plus, et se forment
en général à leur profession dans les établisse-

ments appelés *Maternité* existant dans un grand nombre de villes de province. Elles doivent en outre suivre des cours spéciaux.

L'*École d'accouchement de Paris*, annexée à l'hospice de la Maternité, a pour but de former des sages-femmes de première classe pour toute l'étendue de la France. Le prix de la pension est de 1000 fr. par an. Il y a peu d'élèves payantes : la plupart des élèves sages-femmes sont boursières de leur département, de leur commune ou d'une administration hospitalière.

Les élèves de la Maternité de Paris sont logées, nourries, éclairées, chauffées en commun, fournies de linge de lit et de table et de tabliers.

STÉNOGRAPHES

On peut estimer à deux ans le temps nécessaire pour former la mémoire et la main à l'écriture abréviative de la sténographie ; encore faut-il posséder une intelligence prompte, une main rapide et une mémoire sûre. Dans la traduction en écriture ordinaire de ces signes nombreux, formés de lignes légères, il faut une mémoire alerte, toujours prête. L'étude de ces signes demande une dizaine de mois, après quoi on suivra des séances publiques pour s'habituer.

La rémunération des travaux de reproduction sténographique varie entre 50 et 60 fr. par heure de sténographie; mais cette heure de prise de notes répond à deux ou trois heures pour la traduction en écriture ordinaire et la mise au net. La moyenne est donc, en réalité, de 15 fr. par heure.

TÉLÉGRAPHES

Les femmes sont admises aux emplois secondaires dans les bureaux d'exploitation télégraphique à Paris ainsi qu'à Bordeaux, à Lille, à Lyon, à Nantes, à Marseille et dans d'autres grandes villes. Les postulantes doivent être âgées de seize ans au moins et de vingt-cinq ans au plus, jouir d'une bonne santé et d'une bonne vue. Elles sont admises par voie de concours, et après un stage professionnel, au fur et à mesure des vacances, sont employées à titre d'auxiliaire. Elles reçoivent une rétribution de 1000 fr. par an et, une fois titulaires, obtiennent des augmentations successives de 100 fr.

TÉLÉPHONES

Les aspirantes à l'emploi de téléphonistes doivent être âgées de dix-huit ans au moins, de trente-cinq au plus, passer un examen fort élémentaire et être examinées par un médecin chargé de constater la vigueur suffisante de leur poitrine.

Les emplois des bureaux téléphoniques dépendent de l'administration des postes et des télégraphes.

Le traitement est de 800 fr. au début avec augmentation de 100 fr. tous les deux ou trois ans jusqu'à un maximum de 1600 fr.

En dehors de ces bureaux, dépendant du gouvernement, il existe à Paris une compagnie spéciale des téléphones qui donne, outre le traitement ci-dessus indiqué, la nourriture et le logement.

TRAVAIL DES FEMMES

PROFESSIONS MANUELLES

BLANCHISSEUSE

Les blanchisseuses se divisent en deux corps d'état : les *savonneuses* et les *repasseuses*. Les savonneuses ont plus de mal, mais les repasseuses ont besoin d'un plus long apprentissage, de deux ans ordinairement.

Les savonneuses ou laveuses gagnent 2 fr. 50, rarement 2 fr. 75, pour une journée de 14 heures. Les repasseuses de linge fin ou linge plissé gagnent en moyenne 2 fr. 75 et celles de linge plat 2 fr. 50 (25 c. par heure supplémentaire).

Paris renferme 700 lavoirs et 15,000 blanchisseurs dans la banlieue, occupant 110,000 ouvriers et ouvrières. Une bonne ouvrière peut y gagner jusqu'à 4 fr. par jour.

BONNE D'ENFANTS

Modeste en apparence, la position de bonne d'enfants a une importance capitale par l'influence bonne ou mauvaise que celle-ci peut exercer sur les petits êtres qui lui sont confiés. Il serait désirable que cette carrière fût considérée comme une vocation, non comme un métier, et que les jeunes filles disposées à s'y consacrer avec conscience et dévouement, pussent s'y préparer en suivant des cours spéciaux de salle d'asile, de leçons de choses de la méthode Frœbel et d'hygiène de l'enfance.

C'est pour combler cette lacune et remplacer avantageusement les bonnes d'enfants sans éducation, souvent vicieuses et incapables d'entourer de soins intelligents les enfants qui leur sont confiés, en majorité, hélas! que M. Liénard, directeur du Pensionnat d'Annonay (Ardèche), a songé à fonder une *école de bonnes d'enfants*.

La durée des cours est de deux ans; les jeunes bonnes recevront une instruction théorique et pratique en même temps. Le prix de la pension est de 500 fr. pour l'année entière.

On espère arriver à fonder des bourses et des demi-bourses.

On appelle *bonnes supéricures* celles qui, plus instruites ou en possession d'une langue étrangère, peuvent donner à l'enfant ses premières leçons et occuper pour ainsi dire la position d'une institutrice. Les bonnes supérieures gagnent jusqu'à 50 fr. par mois, sont logées, blanchies et nourries.

Les bonnes ordinaires gagnent jusqu'à 30 et 35 fr. par mois, sont logées, blanchies et nourries.

BONNETERIE

Pour devenir bonne ouvrière en bonneterie, il faut deux mois d'apprentissage. On donne deux mois de son temps, en rétribution, ou la moitié du bénéfice sur 50 kilos de tissus fabriqués. Au métier circulaire on gagne rarement plus de 1 fr. 50 par jour et à la couture du tricot cinq centimes par heure.

BRODEUSE

Les brodeuses de la campagne gagnent en général 1 fr. 75 à 2 fr. par jour. L'ouvrage fin est mieux payé, mais fatigue la vue. La mode exerce une grande influence sur ce genre de travail et le déprécie souvent.

Les brodeuses sont utilisées aussi pour l'industrie des rideaux et de l'ameublement, dans différents genres ainsi partagés: 1° la broderie blanche, 2° la broderie d'or et d'argent, 3° la broderie en laine et en soie, sur canevas, les tapisseries à l'aiguille, les tapis au point de Smyrne. La première est la plus importante. Elle emploie 200,000 ouvrières au salaire de 60 c. à 3 fr. par jour. Tarare et Saint-Quentin sont les grands centres de broderies à la machine. La broderie d'or et d'argent s'exécute surtout à Lyon et à Paris.

BRUNISSEUSE

Les brunisseuses, polisseuses, reperceuses sont employées chez les doreurs sur bois, les monteurs en bronze, les vernisseurs sur bronze, les batteurs d'or. Elles gagnent de 4 à 5 fr. par jour; cela dépend de la rapidité avec laquelle elles travaillent. Les reperceuses achèvent le découpage des ornements de cuivre, en bronze ou en métal plus précieux.

CHAPELLERIE

La fabrication de la chapellerie comporte une foule d'opérations qui demandent diverses catégories d'ouvrières. Il y a l'*arracheuse*, la *repasseuse*, la *coupeuse*.

La coupeuse de peau en coupe environ 70 par journée et gagne ainsi, en travaillant chez elle, 2 fr. 50 à 3 fr.

Les machines à couper le poil emploient un certain nombre d'ouvriers et d'ouvrières :

Sept ouvrières arracheuses gagnant de 2 fr. à 2 fr. 50;

Une ouvrière brosseuse-chiquetouse gagnant de 2 fr. 50 à 3 fr.;

Une ouvrière éplucheuse gagnant 3 fr.;

Une ouvrière monteuse gagnant de 3 fr. 50 à 4 fr.;

Une ouvrière chiquetouse gagnant 2 fr. 50.

Soit treize ouvrières et cinq ouvriers seulement.

CHAPEAUX DE PAILLE

Les femmes employées à la fabrication des chapeaux de paille y gagnent 1 fr. 50 par jour.

COIFFEUSE

Voici une carrière très féminine où la concurrence masculine a fait grand tort aux femmes. Actuellement la mode est aux coiffeurs, et les coiffeuses sont reléguées au second rang, tout au moins pour ce qui est coiffure de bals, de fêtes et de soirées.

Les coiffeuses à l'abonnement, c'est-à-dire celles qui coiffent journellement chez elle la même personne, sont payées pour cela de 10 à 15 fr. par mois. Une coiffure pour noce ou bal se paye de 3 à 5 fr. suivant les localités et le talent de l'artiste, car pour bien réussir en ce métier il faut être quelque peu artiste et savoir coiffer chacune à l'air de son visage. C'est ce qui fait la supériorité des coiffeurs.

CORDONNERIE

Dans la cordonnerie, les femmes sont employées comme *piqueuses de bottines* et gagnent ainsi de 2 à 4 fr. par jour. Le chômage est rare dans cette profession.

CORSETIÈRE

L'apprentissage dure deux ans, en général.
Quand l'apprentie est logée et nourrie, il faut
payer une petite pension. Un corset, avant d'être
terminé, passe d'ordinaire par plusieurs mains,
chaque ouvrière ayant sa spécialité; comme
spécialiste, trois mois d'apprentissage suffisent,
mais la connaissance complète du métier est
naturellement préférable. De bonnes ouvrières
sont payées de 15 à 50 fr. par semaine.

COUTURIÈRE

De toutes les professions manuelles c'est la
plus recherchée, non seulement parce qu'elle
est une des plus abordables, mais parce qu'elle
permet, dans beaucoup de cas, de rester chez soi.

En général, l'apprentissage dure deux ans.
L'apprentie doit apprendre la coupe et ne pas
être employée du matin au soir à la couture. Ce
point doit être spécifié dans le contrat d'apprentissage. Les apprenties ne sont ni logées, ni
nourries.

L'*Atelier-École*, 220, avenue du Maine, à
Paris (directrice Mlle Levray), a été fondé en
1877 par un comité de dames sous la présidence

de Mme Suchard de Pressensé pour protéger les jeunes filles pendant leur apprentissage et en faire de bonnes couturières entre autres. Elles y apprennent l'état de couturière dans toutes ses parties, aussi complet que possible, grâce à un excellent cours de coupe.

Les élèves sont reçues à partir de treize ans. L'apprentissage est entièrement gratuit; il devra durer trois ans. Elles peuvent être admises comme internes, moyennant 30 fr. par mois. Pendant le cours de la troisième année le travail de la jeune fille diminue graduellement le prix de la pension. A sa sortie la jeune apprentie reçoit une petite somme proportionnée à son travail et un livret de caisse d'épargne.

Le salaire moyen des femmes, travaillant dans les ateliers de couture, est de 2 fr. par jour; celles qui travaillent à la journée gagnent de 2 à 3 fr. par jour et sont nourries en sus. Les ouvrières qui ont des machines à coudre peuvent faire de bonnes journées de 2 à 4 fr. par jour. Dans la confection on gagne en général 3 fr. par jour, mais il y a deux ou trois mois de chômage. Les couturières de talent, à la tête des ateliers de confections dans les grands magasins de nouveautés, ont des appointements égaux à ceux d'un chef de rayon.

Les femmes qui cousent pour les tailleurs
sont payées à la pièce; elles font le gilet et le
pantalons. Les tailleurs sur mesure payent plus
que les confectionneurs.

C'est le cas ici de parler de la machine à
coudre qui a provoqué une si prodigieuse révolution dans la toilette féminine comme aussi
dans le sort des femmes qui gagnent leur vie
comme couturières.

La machine à coudre a ses détracteurs; elle
ne manque pas de défenseurs, parmi lesquels
nous trouvons M. Leroy-Beaulieu, dont voici
l'appréciation : «L'influence de la machine à
coudre sur la vie de famille doit être excellente.
Par elle, l'atelier domestique, qui était perdu,
pourra se reconstituer, au grand profit non
seulement de la morale, mais encore de la
situation matérielle et pécuniaire de la famille.»
Un habitant de Kœnigsberg était sans doute du
même avis, car il y a peu d'années, il léguait
10,000 thalers (37,500 fr.) pour acheter des
machines à coudre afin de les prêter à des filles
et femmes pauvres. A Paris, dans lamanufac-
ture Godillot, 1200 femmes sont employées
aux machines à coudre à la vapeur.

L'ouvroir Demidoff a des machines marchant
à l'électricité.

L'influence de la machine à coudre sur les salaires s'est aussi fait sentir avantageusement. La mécanicienne est plus rétribuée que la couseuse à la main, en général à raison de 3 fr. 50 après un mois d'apprentissage, et les ouvrières d'élite gagnent de 5 à 6 fr. Les bâtisseuses et les finisseuses ont en moyenne 2 à 2 fr. 50 et par exception 3 à 3 fr. 25. La journée de travail est de onze heures à l'atelier.

CUISINIÈRE

L'art de la cuisine peut être appris dans des hôtels, des restaurants, des maisons particulières, des écoles culinaires, comme l'*École ménagère* de Rouen, celles du Havre, de Lyon, de Reims, etc.; l'*École pratique* d'Annonay, l'*École rurale de la Pommière*, près de Genève.

Cette dernière est une sorte d'école rurale de domestiques, où on les forme à tous les travaux de leur profession.

La directrice en est Mme Atzenwiller, la présidente du comité, Mme Martin-Labouchère à Genève.

En Belgique, nous trouvons les écoles ménagères du prince de Chimay qui peuvent être considérées comme les modèles du genre.

De nos jours une bonne cuisinière, un vrai cordon bleu, est un personnage et reçoit émoluments et traitement en conséquence, variant naturellement suivant les localités et suivant les talents du sujet. Le gage moyen est de 80 fr. par mois[1].

DENTELLIÈRE

Plus de 200,000 femmes travaillent à la dentelle en France, gagnant 1 à 1 fr. 50 par journée de dix heures de travail.

Un travail analogue, c'est la broderie du tulle qui se fait presque uniquement à Saint-Pierre-lès-Calais. On arrive à y gagner de 10 à 15 fr. par jour.

[1] Voici un petit tableau résumant le salaire des domestiques à Paris :

Domestiques attachés au service de la personne

	Ordinaires	Maximum	Minimum
Par an	301 fr.	398 fr.	246 fr.

Cuisinières.

	Ordinaires	Maximum	Minimum
»	331 fr.	437 fr.	265 fr.

Faisant les deux services à la fois.

	Ordinaires	Maximum	Minimum
»	342 fr.	449 fr.	279 fr.

FEMME DE CHAMBRE

Une bonne femme de chambre peut gagner de 300 à 400 fr. par an, davantage si elle sait bien tailler et coudre en blanc et en robes.

Différents établissements cherchent à former de bonnes femmes de chambre, mais ce n'est guère que le service particulier qui y arrive. Citons pourtant, l'*École de domestiques* de Vevey, rue du Collège, 19, fondée en 1876. Les élèves-domestiques doivent y faire un séjour de trois mois au moins. La pension est de 30 fr. par mois. Le deuxième étage de la maison, appelé La Retraite, est destiné à loger des dames désirant vivre en pension à bas prix. Le service de ces dames est fait par les élèves. Une couturière surveille les travaux de couture.

FEMME DE CHARGE

Une femme de charge doit être très entendue dans tous les travaux du ménage afin de pouvoir accepter la surveillance des domestiques et la direction d'une grande maison. Son traitement est au moins de 50 fr. par mois.

FLEURISTE

La fabrication des fleurs dites «naturelles» et celle des fleurs dites «de fantaisie» se fait dans de grands ou petits ateliers, ou à façon, chez soi. Les grands et les petits ateliers et les ouvrières à façon prennent également des apprenties qui sont logées et nourries. Il y a quatre ans d'apprentissage, qu'il est préférable de faire dans un atelier de moyenne importance; on y apprend tous les genres.

On appelle *monteuse de parure* l'ouvrière qui assemble les feuilles et les fleurs pour en faire une parure. Les meilleures ouvrières, après quelques années, se consacrent à cette spécialité. Elles y gagnent de 4 à 5 fr. par jour. Les ouvrières ordinaires gagnent 1 fr. 50 à 4 fr. Le chômage dure de trois à quatre mois. Il y a dans cette profession de vraies artistes qui font des merveilles et peuvent arriver jusqu'à 10 fr. par jour.

Une personne qui veut débuter dans des conditions modestes peut s'établir avec 10,000 fr.

GANTIÈRE

Dans le seul département de l'Isère on trouve 12,000 ouvrières gantières. Une seule maison de Chaumont (Haute-Marne) emploie 2051 cousouses de gants.

Les *coupeuses* de gants sont payées à raison de 20 c. par douzaine, ce qui leur fait 45 à 70 fr. par mois, suivant leur habileté. Les *couseuses* gagnent 1 fr. 20 à 1 fr. 50 par jour et travaillent chez elles. Les *piqueuses* se font de 8 à 10 fr. par semaine, encore faut-il qu'elles puissent rester assidûment à leur ouvrage. A Paris elles sont mieux payées.

JOAILLERIE-BIJOUTERIE

Certains travaux de la joaillerie et de la bijouterie demandent beaucoup de délicatesse, de légèreté de main, aussi les femmes y sont-elles employées comme *polisseuses, guillocheuses, doreuses, émailleuses, coloristes,* et gagnent ainsi de 2 à 3 fr. par jour. Mais il faut tenir compte du chômage qui réduit le salaire d'une ouvrière gagnant 2 fr. par jour, à 450 fr. par an.

19

JOURNALIÈRE

C'est le métier des femmes qui n'en ont pas à proprement parler, et la ressource de celles que le veuvage force à chercher un gain hors de chez elles. Les journalières sont employées à toutes espèces de travaux de maison et de jardin. On les paie 1 fr. 50 à 2 fr. par jour; elles sont nourries en sus.

LINGÈRE

Pour former une bonne ouvrière connaissant également toutes les parties du travail, il faut trois ans d'apprentissage. Tout a été spécialisé, surtout dans la fabrication en grand. Ici la coupe des chemises, des camisoles, des cols se fait mécaniquement sur une pièce entière de toile ou de calicot.

Dans la fabrication en grand, on compte trois catégories d'ouvrières: 1° l'*apprêteuse* qui bâtit les pièces destinées à être cousues ou piquées à la machine; 2° la *mécanicienne* qui exécute tout le travail de couture qui peut être fait à la machine; 8° la *finisseuse* qui termine le travail. Il y a encore une spécialité qui sans

faire partie de la lingerie, doit y être rattachée.
C'est celle de *blanchisseuse* de neuf. Cette
ouvrière se distingue de la blanchisseuse ordinaire, car elle ne blanchit et ne repasse que les
produits sortant de l'atelier; elle doit conserver
ou même donner à chacun de ces produits le
cachet qui le caractérise.

L'*apprêteuse* gagne 1 fr. 50 à 2 fr. 50 par
jour; la *mécanicienne* 2 fr. 50 à 4 fr.; la *finisseuse* 1 fr. 50 à 2 fr. 50; la *blanchisseuse* 2 fr. 50
à 3 fr. 50. Celles qui travaillent chez elles
gagnent 1 fr. par jour.

Dans chaque lycée le soin de la lingerie est
confié à une préposée qui a la garde et la comptabilité de vestiaire des internes, du linge de
corps et de table de l'établissement. Elle est
chargée d'en assurer l'entretien, la distribution,
de faire exécuter le blanchissage, le raccommodage, etc. Les aspirantes doivent joindre à une
grande honorabilité quelque aptitude à la tenue
de la comptabilité d'une grande lingerie, à la
direction d'un atelier d'ouvrières buandières,
couturières, repasseuses.

Les lingères des lycées sont logées et nourries
au lycée. Elles reçoivent un traitement de 400
à 800 fr. par an.

Les lingères qui vont travailler à la journée

dans les maisons particulières, soit pour repriser
et raccommoder le linge, soit pour coudre de la
lingerie neuve, gagnent de 1 à 2 fr. par jour.

MATELASSIÈRE

La matelassière se rend dans les maisons
particulières pour procéder à la réfection des
matelas; elle est généralement accompagnée
d'une aide. Elle est payée à la pièce; en
général de 3 à 5 fr. pour la réfection d'un
matelas. En été le métier est bon, mais en
hiver il y a chômage.

MODISTE

C'est du goût, de l'adresse qu'il faut avant
tout pour réussir dans ce métier, il faut savoir
chiffonner gracieusement, placer coquettement
un nœud, des plumes, des fleurs. Il se divise en
deux spécialités : *l'ouvrière en apprêts* qui prépare les garnitures et donne la façon aux
rubans, aux dentelles, etc.; la *monteuse* qui
assemble les garnitures, les fleurs, les plumes
et termine le chapeau ou le bonnet.

L'apprentissage dure deux ans. Dans les

grandes maisons, l'apprentie est attachée souvent
à une seule spécialité. Il est préférable de travailler chez une bonne ouvrière à façon, où l'on
pourra apprendre tous les détails du métier.
Le salaire est de 2 fr. 50 à 4 fr. par jour.

OUVRIÈRE BOUTONNIÈRE EN SOIE

En général, les ouvrières boutonnières gagnent 3 fr. 50 pour onze heures et sont payées
à raison de 18 à 20 fr. la grosse moyenne.

Le bouton demi-boule et tailleur 12 fr. les
100 grosses.

Le macaron de 7 à 20 lignes 13 fr. les 100
grosses.

La boule non doublée, sans intérieur, 20 fr.
les 100 grosses.

La boule doublée, sans intérieur, 23 fr. les
100 grosses.

Le bouton collé 25 fr. les 100 grosses.

Le bouton à deux pièces 30 fr. les 100 grosses.

Sur tous ces articles il est retenu aux ouvrières
rentreuses 8 % pour le déchet qui compense la
treizième douzaine qu'on leur retenait autrefois.

OUVRIÈRE DE FABRIQUE

Les femmes du peuple qui demeurent dans les villes industrielles ou à la campagne près d'une usine deviennent infailliblement ouvrières de fabrique. La plupart se laissent tenter par l'appât d'un travail plus assuré et mieux rétribué. C'est bien regrettable, car le travail de fabrique est démoralisant; il arrache, plus que tout autre, la femme à son foyer, sans compter les autres préjudices qu'il lui porte et qu'aucune élévation de salaire, aucun bienfait matériel ne peuvent remplacer.

La grande industrie emploie un million d'ouvrières en France. Dans la filature et le tissage de coton, elles gagnent au moins 2 fr. 25 par jour. Dans les fabriques de tissus de laine, les *cardières* gagnent 2 fr. 50 par jour, les *bobineuses* 2 fr. 75, les *ourdisseuses* 3 à 3 fr. 25, les *noueuses* jusqu'à 4 fr. Dans le tissage du lin et de la soie, une ouvrière habile peut se faire de 4 à 5 fr. par jour, une ouvrière ordinaire de 15 à à 18 fr. par semaine.

Là où le travail à la tâche a pris le dessus, où l'on paie le travail accompli, une femme intelli-

gente et zélée arrive à gagner plus que son père
ou que son mari.

Dans les petits ateliers on compte 40,000
femmes qui gagnent plus de 2 fr. par jour ;
50,000 ne les dépassent pas ou ne les atteignent
pas même.

En général le nombre des femmes et filles
employées dans les manufactures est le double
d'en 1846.

Quant à la valeur du salaire, il est très difficile de la fixer absolument, car elle est toujours
proportionnelle à celle du prix des subsistances,
et nous comprenons par là tout ce qui est nécessaire, utile ou agréable à la vie matérielle
de l'homme.

Autrefois le salaire était presque partout à la
journée, aujourd'hui il est aux pièces.

Voici, par exemple, le tableau des gains par
jour, dans une des principales manufactures de
coton de Mulhouse :

Soigneuses de bancs de broches à .	fr. 1 55
» de peigneuses . . .	» 1 50
Ourdisseuses.	» 1 60
Tisseuses	» 1 65 à 2
Anneuses	» 1 55
Imprimeuses	» 1 75
Batteuses	» 1 16

Bobineuses . . . .   fr. 0 60
Dévideuses . . . .   » 1 25
Canettières . . . .   » 1 —
Épluchouses . . . .   » 1 25
Imprimeuses sur rouleaux. . .   » 1 05
Apprêt et blanchiment. . . .   » 1 —
Plieuses . . . .   » 1 06
Tisseuses . . . .   » 2 à 2 25

Dans les filatures de laine, à Reims, par exemple, les ouvrières gagnent en moyenne de 1 fr. 50 à 1 fr. 75 par jour, et dans les tissages mécaniques 2 fr. 25 à 2 fr. 50.

Les ouvrières *ovalistes* à Lyon gagnent par semaine 9 à 9 fr. 60. Dans l'établissement de la Séauve, où elles sont logées, nourries et entretenues, les ouvrières gagnent 140 à 150 fr. par an.

Dans les fabriques de rubans de velours, les femmes gagnent 12 fr. par semaine et 14 fr. outre le logement. Dans la rubannerie de Bourg-Argental, elles gagnent 2 fr. par jour et sont logées et nourries à l'établissement moyennant une retenue de 50 c. par jour.

A propos de l'apprentissage des jeunes ouvrières de fabrique, nous avons parlé déjà des écoles d'apprentissage du Lyonnais. 40,000 jeunes filles jouissent de ce régime bienfaisant

d'internat dans les filatures et les mouliuages,
les tissages mécaniques de la Drôme, de l'Ardèche, de Vaucluse, de la Haute-Loire; dans
plusieurs grandes papeteries, à Vidalon-lès-An-
nonay (Ardèche), à Pont-de-Claix (Isère), à
Blacons (Drôme), à Fontenay (Côte-d'Or).
Elles sont logées et nourries moyennant une
pension de 80 à 150 fr. par an; on leur constitue
une dot. On leur enseigne en outre la préparation
des aliments, le ménage, la confection des robes.
Elles passent le dimanche avec leurs parents.

PAPETERIE

Dans les papeteries, on emploie principalement les femmes comme *trieuses*. Leur occupation consiste à regarder le papier à l'épair pour
voir s'il a des défauts, à enlever le bouton avec
des grattoirs, à compter le papier par mains.
Elles gagnent de 2 à 2 fr. 50 par jour.

PARAPLUIES ET PARASOLS

Une bonne ouvrière en parapluies peut coudre
journellement et monter une douzaine de parapluies ou parasols non doublés, ce qui lui rap-
porte de 2 à 3 fr. Le gain moyen par jour est de
1 fr. 60. L'apprentissage est de quatre semaines.

PARFUMERIE

Dans les fabriques de parfumerie, un grand nombre de jeunes filles sont employées à remplir les flacons, à les boucher, ainsi qu'à l'emballage des savons.

Elles gagnent par semaine de 6 à 18 fr. Leur surveillance, ainsi que la tenue des livres et du matériel, est confiée à une directrice qui gagne jusqu'à 75 fr. par mois.

PASSEMENTERIE

Dans la passementerie, les femmes gagnent 2 fr. 50 par jour; les jeunes filles 1 fr. 20.

PHOTOGRAPHIE

La photographie s'enseigne chez un bon photographe qui, en général, fait payer ses leçons assez cher. Les femmes ne réussissent pas partout comme photographes, mais quand elles ont le talent nécessaire, elles peuvent comme *retoucheuses* trouver une carrière lucrative. Il faut une grande sûreté de main dans la conduite du pinceau. L'apprentissage est de trois mois et se paie dans les grands établissements de 100 à 400 fr. Quand une femme peut encore s'occuper de la tenue des livres, elle gagne ainsi 75 à 125 fr. par mois. Il existe à Leipzig, en Saxe, une école spéciale de retoucheurs.

PLUMASSIÈRE

L'apprentissage dure deux ans. En général l'apprentie entre chez une ouvrière à façon qui travaille à domicile; elle n'est ni nourrie ni logée. Comme à la modiste et à la fleuriste, il faut à la plumassière beaucoup de goût, de l'imagination aussi, car on demande sans cesse de nouveaux modèles, surtout dans la partie du métier, dite articles de fantaisie.

On gagne de 3 à 5 fr. par jour.

RELIEUR

Dans les grands ateliers de reliure, des ouvrières sont chargées en général de collationner les livres, de passer les feuilles sous le laminoir et parfois de coller les gardes. Elles gagnent 3 fr. à 3 fr. 50 par jour.

On donne aussi la couture au dehors à des ouvrières payées aux pièces. Les couturières

on livres sont payées à 5 c. la ficelle par cent
cahiers, soit 20 c. pour un volume de cent
cahiers qui est cousu à quatre ficelles; on
compte comme ficelle, tous les points de couture. Un volume in-12 est piqué à quatre endroits.
La couture sur nerfs coûte le double. Une ouvrière en reliure peut se faire de 2 à 2 fr. 50
tout en donnant ses soins à son ménage.

TABACS

Dans les manufactures de tabac, les femmes
sont employées à enlever les côtes des feuilles
de tabac, à rouler les cigares, les cigarettes.
C'est un travail facile et lucratif.

TAILLE DE CRISTAUX, DES PIERRES
PRÉCIEUSES

Dans les cristalleries, on trouve des femmes
occupées à la taille des cristaux. La taille des
pierres précieuses leur fournit aussi un gagne-
pain. A Septmoncel, par exemple, sur le sommet
d'une montagne du Jura, est établie une fabrique
de pierres fausses, de rubis pour pivots de
montre, de mosaïques. A la taille du rubis, les
femmes gagnent 1 fr. 50 par jour.

TAPISSIER

Les tapissiers emploient trois catégories d'ouvrières : 1° les premières ouvrières qui dirigent
les travaux de couture et sont en rapports directs
avec les chefs ouvriers ; 2° les ouvrières qui exé-
cutent les travaux de l'établi, travaux pénibles,
car ils exigent que la femme reste debout de
longues heures ; 3° les ouvrières ordinaires qui
font les garnitures, coutures, etc. Les premières
ouvrières gagnent de 3 fr. 50 à 4 fr. par jour,
les secondes de 2 fr. 50 à 3 fr. 50, les troisièmes
de 2 à 3 fr.

TEINTURERIE

Le travail offert aux femmes dans les établissements de teinturerie et de dégraissage, de
blanchissage chimique est fatigant et demande
de la force de résistance. Les bonnes ouvrières
gagnent de 3 à 4 fr. par jour et plus.

TRICOTEUSE

On porte de nos jours principalement des bas
tissés, aussi le tricot à la main ne peut plus
guère compter qu'exceptionnellement et pour

des personnes âgées comme ressource lucrative.
La machine à tricoter, par contre, s'est beaucoup
répandue ces dernières années et peut fournir
un gagne-pain journalier de 2 fr. 50 à 3 fr. 50,
à condition de ne jamais manquer de travail.
La meilleure machine à tricoter (Original-
Lambs) coûte environ 300 fr. et plus.

TYPOGRAPHIE

La typographie donne plus rapidement que
toute autre profession manuelle des résultats
pécuniaires que les femmes trouvent difficile-
ment ailleurs, mais ce n'est pas sans lutte
qu'elles ont été admises dans les ateliers d'imprimerie.

La femme est douée d'une habileté particulière, d'une délicatesse de doigté qui la rend
spécialement apte aux travaux délicats de la
composition typographique. On ne peut guère
entrer en apprentissage avant l'âge de 14 ou
15 ans; il faut savoir lire et écrire et connaître
l'orthographe usuelle. L'apprentissage dure
trois ou quatre mois. Après ce stage, la jeune
ouvrière commencera à gagner de 1 à 1 fr. 50
par jour; pour peu qu'elle soit active et intelli-

gente, elle arrivera vers la fin de la première
année à 2 fr. 50 ou 3 fr. par jour. Enfin les
meilleures typographes peuvent atteindre 4 fr.
par jour. Celles qui possèdent à tous égards une
instruction supérieure, peuvent aspirer à l'emploi de *correctrice*. Elles sont alors chargées de
la correction des épreuves ; elles cessent d'être
ouvrières à la journée et au mille (mille lettres
levées) pour devenir employées au mois et gagner
de 100 à 125 fr. par mois, en général.

MÉTIERS DIVERS

Dans l'article de Paris, la bimbeloterie, la
tabletterie, le cartonnage, la maroquinerie, etc.,
les femmes ont accès, occupent une place considérable et gagnent de 2 à 3 fr. par jour.

FIN

TABLEAU DU SALAIRE DES FEMMES

D'après les plus récentes statistiques.

Le maximum est atteint à Paris, partout où le nom de la ville
ou du département n'est pas noté.

Petite industrie :		Minimum	Maximum	
		Fr. c.	Fr. c.	
Blanchisseuses	p. jour	2 —	2 50	
Brodeuses	»	0 60	3 —	
Brunisseuses	»	4 —	5 —	
Coloristes (en bijouterie)	»	2 —	3 —	
Corsetières	p. sem.	15 —	20 —	
Couturières	p. jour	2 —	4 —	
Culottières	»	0 75	1 50	Nourries.
Dentellières	»	1 75	5 —	Marseille.
Doreuses (en bijouterie)	»	2 —	3 —	
Émailleuses (en bijouterie)	»	2 —	3 —	
Fleuristes	»	0 75	4 —	
Gantières	»	1 20	1 50	
» coupeuses	p. mois	45 —	70 —	
» piqueuses	p. sem.	8 —	10 —	
Giletières	p. jour	0 75	4 —	
Guillocheuses (en bijouterie)	»	2 —	3 —	
Journalières	»	1 50	2 —	

	Minimum	Maximum
	Fr. c.	Fr. c.
Lingères . . . . . p. jour	0 75	3 —
Matelassière . . . p. matelas	3 —	5 —
Modiste . . . . . . p. jour	0 50	4 —
Parapluies et para-sols . . . . . . »	1 —	3 —
Piqueuse de bot-tines. . . . . . »	0 80	4 50
Polisseuses (chez les doreurs) . . »	4 —	5 —
Plumassières. . . »	3 —	5 —
Relieur, à l'atelier »	3 —	3 50
» chez soi. »	2 —	2 50
Repasseuse. . . . »	2 50	2 75
Retoucheuse (pho-tographie) . . . p. mois	75 —	125 —
Reperceuse (fabr. du bronze). . . p. jour	4 —	5 —
Tapissières. . . . »	2 —	4 50
Teinturerie, dé-graissage. . . . »	3 —	4 —
Tricoteuse à la machine . . . . . »	2 50	3 50
Typographes : (composition) . »	1 —	4 —
Correctrice. . . p. mois	100 —	125 —
Métiers divers tels que : Article de Paris, bimbelo-terie, tabletterie, cartonnage, ma-roquinerie, etc. p. jour	2 —	3 —

Grande industrie :		Minimum	Maximum	
		Fr. c.	Fr. c.	
Bonneterie, passementerie. . . . p. jour		1 25	2 50	
Bougies stéariques		1 —	2 50	Aisne, Indre-et-Loire.
Chapeaux de feutre	»	1 —	4 —	Haut-Rhin.
Chapeaux de paille	»	1 —	1 50	
Dames de comptoir par an		180 —	1200 — 1800 —	
Demoiselles de magasin	»	200 —	1800 —	
Draperie et couvertures . . . . p. jour		1 —	3 —	
Faïences et porcelaines	»	1 25	3 —	Loiret.
Fabr. de châles. .	»	1 20	3 —	
Fabriques de cordages	»	1 25	2 75	Marne.
Fabriques de coton, chanvre et lin.	»	1 25	3 —	Pas-de-Calais, Eure-et-Loir.
Fabriques de sucre indigène	»	1 50	2 75	Eure-et-Loir.
Fabriques de tissus de laine	»	1 —	3 —	
Fabriques de tissus de soie.	»	1 40	2 75	Nord.
Filatures de chanvre, jute et lin .	»	1 50	2 80	Calvados, Finistère.
Filatures de coton	»	1 70	2 50	
» de laine .	»	1 25	2 50	

		Minimum	Maximum	
		Fr. c.	Fr. c.	
Fileries de soie grège	»	1 10	3 —	
Fours à chaux . .	»	0 75	2 50	
Manufactures de glaces	»	1 —	2 40	Aisne.
Manufactures de papiers et cartons	»	1 —	1 50	
Minoteries et pâtes álimentaires . .	»	1 —	3 —	Marne.
Parfumerie. . . .	p. sem.	6 —	18 —	
Papiers peints . .	p. jour	1 —	3 —	
Produits chimiques	»	1 —	2 80	
Raffineries de sucre.	»	2 —	2 60	
Savons	»	1 20	2 45	
Scieries de bois. .		1 —	2 50	
Scieries de marbre et de pierres. .	»	0 75	2 50	
Tanneries, mégisseries.	»	0 85	2 50	
Teintures et apprêts	»	1 —	2 85	
Tuileries et briqueries. . . .	»	1 —	2 75	
Usines à gaz . . .	»	1 —	2 50	Eure.
Verres et cristaux	»	1 —	2 50	Rhône.

La moyenne générale des salaires à Paris est de fr. 2,90 par jour ; en province de fr. 1,82. Ceci ne doit pas être un argument en faveur de l'émigration à Paris ; bien au contraire ; car on ne considère pas toujours que si les salaires sont plus élevés dans la capitale, la vie y est plus chère et moins saine, moins normale.

TABLE DES MATIÈRES

Tâches sérieuses.

Unions et Associations des femmes.

Travail et Évangélisation.

RENSEIGNEMENTS.

Asiles et Orphelinats.

Travail des Femmes.

Enseignement.

Professions manuelles.

Strasbourg, typ. G. Fischbach. — 2525

www.ingramcontent.com/pod-product-compliance
Lightning Source LLC
Chambersburg PA
CBHW050502270326
41927CB00009B/1858